聶雅婷————著

再思臺灣主體性

穿越身分幻影 與 越界正義可能性

推薦序

　　聶雅婷博士以「再思臺灣主體性：穿越身分幻影與超界正義可能性」為主題所精心撰作的這本專著，是近一、二十年來臺灣主體意識所擴展開來的思想激盪與人文迴響之中，相當值得學界予以關注的跨界之作。

　　雅婷博士原本以東西方比較哲學為其研究的主要論域，且已然有了十分精湛的哲學素養；然由於其個人心靈視角與生命關懷多方多面的轉向，以及其對臺灣文學作品的涉獵與鑽研一直持續地加深並拓寬，她於是專注而嫻熟地運用其得自個人自主訓練的邏輯思考與方法操作，展開其已然超越一般書評文論的文本解析、理論詮釋以及諸多具後設性、開放性與未來性的人文反思，而因此收穫豐碩，成果斐然，終於全面地將其個人的研究成果具體呈現在這本著作裡。

　　由於本書是雅婷博士近年來的論文結集，因此她所論及的主題自有其多樣性與開放性，然而，相關的論述都始終環繞著主體性、主體際性、身分認同（包括族群認同），以及生命原鄉之回返與自我真實之重整等一連串的人文課題；而為了處理這些已然有了跨域思考的論題與議題，顯然需要在文本詮釋與脈絡重構之外，再添多元多樣的觀念柴火，以燃燒出燦然的意義亮光。穿越身分幻影，強調重新回到身體文本的論述，回到所謂自我與他者之間進行辯證思維，以去除單一二元對立，建立正義的越界思考面向。

　　而為了開宗又明義，本書第一章即以「主體幻象的消弭與越界正義的可能性」為題，貫穿全書之意理脈絡，其所透顯的思想力道已然呼之欲出。原來，在臺灣人挺立主體的過程之中，自始便充滿著諸多幻象之誘引及理當如何越界突圍而出的正義之聲；而既然必須面對此一含藏著弔詭與危機的心靈關卡與人文險途，雅婷博士乃如此從容地理解自我身分認同所涉及的「同一性」、「虛假性」、「宰制性」以及可能演生的暴力等等難題：「因為當我們一心追求『同一性』，要求『同一性』復原時，這『同一性』會產生一種

體制的『暴力』問題，當你認同自我是自我、存有是存有、道是道時，道的宰制性油然而生，『同一性』所欲達到的道的原初，會進一步形成道的原初的虛假性來控訴自己，這是主體可能產生的『同一性』執著幻象，這幻象會是將他人的面容加以討伐，而忘了原始天真的面容，一個全然他者會被迫消亡在『同一性』的追求上。」

　　由此看來，「身分認同」談何容易！而「同一性」的真實呈現又豈是紙上之作業或按圖之施工所能竟其全功？因此，雅婷博士斷言我們在尋找真實自我的道路上，顯然必須納入更多過程及流變的主體思考，於是她引齊澤克之言而有如此真誠之期盼：「穿越幻象，重新認識症狀，瞭解人類死亡驅力，進一步死而重生，也唯有自我毀滅才能重新得以自我救贖作為。」其中，已然滿溢的生死關懷以及其所透露的生死智慧，自是昭然若揭。

　　既已破題，雅婷博士乃一心優游於臺灣文學創作的園林之中，通過敘事性之文本，直探臺灣文學創作者的內心世界。於是，她以現象學的方法解讀鄭清文的《局外人》，她提出到底誰是局內人？你認為的局內人是否在某視角上，可能也是以局外人做為思考起點？若嚴格分立局外及局內人之分，二元對立的狀態之下，問題的切入是否會失了準頭？在後現代的臺灣社會文化現場上，鄭清文提出了局外人之說，由倫理情境著手，說明原本遵循孝的展現家庭價值，是否在執意要做出價值抉擇時，卻可能錯失了關係更深刻的建構，而淪為局外人之列？

　　接著，在李喬的《寒夜三部曲》之中探究「主體際性」的意義建構，進而試圖召喚你與我的彼此參與及相互介入，而從這部臺灣人的大河小說，推出將「場有哲學」與生命哲學緊密結合的斷語：「互為依存關係的生命哲學，任何人都不能破壞，只能參與體現這樣的主體際性場有哲學，邀請讀者，也邀請你與我，共同參與這大河中，讓生命之河洗滌我們更純粹的生命本質吧！」面對如此充滿哲學味的文學解讀，推想小說家李喬應能完全體會並予以認可吧！

　　於是，雅婷博士以其關懷之情與智性之眼，來看待灣生與慰安婦，而為家園記憶與創傷主體，進行具有主體與互為主體的意義重建，而最後她將注意力轉向臺灣原住民的族群處境，並擴及相關的族群認同已然遭逢的諸多傷

害與困厄，其中處處可見權力的壓迫、文化的殘害與生命的災難。

　　既置身此一人文氛圍，她於是通過對原住民族的神話解析與語言回復之策略與行動，試圖來理解原住民族的主體性重建所必須超克的諸多課題；其間，雅婷博士運用法國解構主義大師德希達與英國後現代主義大師列維那斯關懷「他者」的哲學觀點與哲學方法，進行其深層的文化詮釋，而嘗試為原住民正義的回覆，盡一點個人心力，而如此之學術作為，在臺灣哲學工作者之中，其實並不多見。

　　此外，雅婷博士並運用她所謂的「認同策略：幽靈法」，以泰雅族母語建構原住民神話為例，具體呈現原住民神話的閱讀策略，並進而探入原住民族的族群記憶與共同心靈，以理解這些曾歷經苦難的真真切切的生命之道，而如此的研究手法與研究進路，則已相當貼近信仰與神學二者相對相應所延展開來的超越路向，雅婷博士於是在探索原住民族多方涉及生死之際與幽冥二途的神話敘事之後，有了如此充滿感動之情的結語：「回應這樣的召喚本身，代表回家的可能性，人的靈體在死後飄盪，希望原住民能以自我自在地在此處生存方式，讓自己過了彩虹橋，仍能夠面見這些賜予生命的神靈體。」如此的人神（人鬼）交遇，透露的應不只是宗教性的啟示，顯然還蘊含著深厚的文學趣味與哲學意味吧！

　　在雅婷博士此一專著出版前夕，謹綴上述個人之感言與閱讀心得，向她表示祝賀之意，並竭誠邀請所有關心自己、關心他者、關心文化、關心生命、關心世界、關心臺灣的朋友們，來和雅婷博士一起動腦，一起用心，一起為豐富主體性、完滿主體際性而共同努力。

　　　　　　成功大學中文系退休教授　葉海煙　謹誌　2021.12.10

自序

再思臺灣主體性，筆者提出了穿越身分幻影與越界正義可能性，這迎合了當前的記憶、創傷與人文療癒主題。

筆者以為主體幻象危害於越界正義的可能性，乃在消解主體幻象的城牆，讓城牆倒塌，呈現跨主體的「越界」狀態，不斷馳援「越界」的挑戰邊線，進而建立真正的正義的可行性。這讓我想起卡夫卡所寫下的《城堡》的劇情，那邊界的劃地，使我們圈在裡面。筆者考量的是在思維主體的城堡，是否可以退後消滅那看似堅不可摧的城堡，由主體廢墟當中尋找越界正義的可能性。

首先用鄭清文的《局外人》來說明內外荒謬，看似局內人其實正遠離自己所堅守的價值，那內外差別又有何助益呢？換位思考或者游離於邊界所在，或許提供了主體跨界的可能性，打破城堡的疆界。

在現今世代裡，持續進行臺灣後殖民，民主帶給人們眾聲喧嘩，在喧嘩當中，那歸依的所在是否在流盪身分認同，產生了焦慮，這焦慮產生撕裂是否影響臺灣前進的動力，又或者是我們應該在喧嘩聲中真誠開放的溝通協調，在文化與哲學當中再度探索「臺灣主體性」。

接著，在文學上，筆者以李喬的《寒夜三部曲》，這本書寫臺灣大河歷史為例，強調自我與他者之間皆被召喚，無分於你與我，臺灣人都在這生命之河中，開展「主體際性」交流與對話，建構出密不可分的生命共同體，這代表著我們一起書寫著歷史的大河小說。

歷史中總有屬於我們共有創傷，如殖民之後的灣生故事，或許時間移易或使記憶錯置，那群灣生人，遠渡重洋，欲重建家園記憶，那段歷史今何在？或許也藏在《海角七號》裡，那勾起我們珍惜過往文化記憶足跡，藉由影片重新喚起。希望在所有戰爭創傷之後，人們學會不再存有遺忘而是真正記得後的原諒。

　　接著，筆者開始以威權的維護來說明，在戰亂後慰安婦未被正式重視的原因，這裡強調歷史的污名化，使得威權國家得以不用面對自己無能的原因，慰安婦存在必須消無，乃在於其存在威脅了所謂父權國家尊嚴，以致於它是存在於正史之外。因此筆者認為真正為慰安婦事件平反，乃是必須在後創傷主體的重建上轉身思維，此後創傷主體是指父權國家社會主體上，必須真正面對自己不肯承認自己主體創傷的原因，重新思維自己對慰安婦所造成二度傷害。

　　接著，原住民議題上，筆者意欲使原住民建構出屬己的歷史與自我認同，而這突顯了神話的重要性，閱讀神話，特別是由兒童啟蒙時期便進行神話繪本深度文化詮釋，將使原住民自我認同紮根於原住民的文化中。

　　對神話深度文化詮釋，在最後篇章中，筆者意欲使用德里達的「幽靈法」閱讀策略，強調原住民文化與自我認同的重建。「幽靈法」說明原住民在後殖民之後，必須是母語才能真正與祖靈溝通，也必須是理解神話才能真正深度文化紮根，因此特以泰雅族母語狩獵神話來特別說明，強調狩獵是所有原住民神話常有元素，尤其是與大地自然合為一狩獵身體感，不可能由文化體驗中消逝，這樣的神話深度詮釋才能真正回覆原住民生活世界的正義。

目次

第四章　臺灣文學中「主體際性」的建構
──以李喬的《寒夜三部曲》為例　081

第五章　《關於文化創傷的人文療癒面向──以記憶來看》
──以灣生為例　108

第一章　主體幻象的消弭與越界正義的可能性

前言

　　筆者完成《東西身體同一與差異的對話觀》（2020）時，討論同一與差異。由此進行思維臺灣主體性。首先我想當代「同一性」，作為一種對傳統形上學的反思，一種僵化固著的神學、哲學、美學、社會學等概念的反思，它甚至涉及一種身分認同與「暴力」之間的意識態的抗爭。

　　因為當我們一心追求「同一性」，要求「同一性」復原時，這「同一性」會產生一種體制的「暴力」問題，當你認同自我是自我、存有是存有、道是道時，道的宰制性油然而生，「同一性」所欲達到的道的原初，會進一步形成道的原初的虛假性來控訴自己，這是主體可能產生的「同一性」執著幻象，這幻象會是將他人的面容加以討伐，而忘了原始天真的面容，一個全然他者會被迫消亡在「同一性」的追求上。

　　所以在思維上面，當我們面對在這現今生活世界，互融交涉已是不可免的狀態，多元「差異」以及對談成了主旋律時，我們該如何跨越這概念窄化及表象化思維，「同一性」是必談問題。因為「同一性」表象化及概念窄化自身，也就是以同一方式為同一事件「逼迫」著思想。

　　這「同一性」為當代哲學家思維的事，便是著重於這樣「逼迫」本身應被檢討，以至於我們必須反思「同一性」的「暴力」問題。

　　「同一性」的「暴力」與傳統形上學的存有論述相關，或者與宗教中談到原型的「暴力」相關，甚至於話語「暴力」相關，或者說在當中所產生的權力「暴力」相關，而這都跟我們思維這生活世界有關。

　　所以為消弭暴力的可能性，我提出了主體幻象的危害以及越界的正義觀點的可能性，希望能藉由對立與矛盾的概念，消解主體幻象的城牆，讓城牆

倒塌，以至於我們無主體，或者是遊牧主體，游離在邊界之上，不斷使己身參與其中，呈現跨主體的「越界」狀態，使主體與客體消失，使主觀與客觀消失，使原型與非原型消失，它是不斷復返狀態，不斷馳援「越界」的挑戰邊線，進而建立真正的正義的可行性。

壹、由同一性思考起

　　當代思潮裡，針對「同一性」，有著深刻思考，「同一性」其實究其源就是思維與存有的「同一性」問題。思維與存有的「同一性」最大的問題，當我們看待存有，傳統是怎麼認為呢？傳統以為存有是我們認識的對象，某本質是能夠存在，其反面是虛無；存有與虛無在傳統形上學來看是絕對不相容，是互斥的，表現在理想界，也在實體界，存在是實有就絕不能是虛無，是虛無就不能是實有，「有不能是無」、「是不能是不是」，這是同時並且是同一觀點。所以我們說「同一律」是建立於矛盾律上，故「矛盾原理表現出實際存在的事物所有的實有本質，對於虛無性有必然的排斥態度」。

　　「同一律」，是就其物自身而言有所開展，這種物如A＝A，一方面框限了所有發展存有本身的概念，也很蒼白說明了話語的無能為力，但是它還是要嘗試，要去說它，「強說之」。

一、同一性與巴別塔、迷宮

　　「同一性」好比是巴別塔的建築般，將宰制世界的多元語言鎖定既定模式裡。聖經記載，有人提議要建巴別塔，巴別塔是使用同一語言，教勢得以開展。然而上帝並不喜歡這想法，因為它代表一種宰制世界的語言文化出現，以至於它的失敗與局限，「以Babel這個字，宣判了人類使用不同語言。因此，通過一個可能是世界性的語言，他們必須放棄他們的宰制計劃。事實上這個建築的干預，以一個建構——同時也意味著解構——表徵著強求一個世界語言以打垮這個世界的政治、語言支配計劃的失敗與限定，一種主宰語言多樣性的不可能性，一種普遍翻譯的不可能性。這也意味著建築的建構將

永遠是一個迷宮」（德希達，1992：48）。[1]

　　當時人們建造巴別塔，目的為宣揚自己的名，此計劃也違背上帝要人繁衍增多遍滿地面的旨意。上帝變亂語言，是為了阻止此建造工程，因此「迷宮」代表著非宰制的多元發展痕跡，絕非絕對為中心主旨權威開展，裡頭蘊含著無數差異的可能性。

　　德希達在《他者的單語主義》提到阿布德卡‧卡他比《雙語間之愛》段落中，將認同、語言與迷宮之間關係概略式詩意描述如下：「彼處，拖胎入語，透過一個千層萬轉迷宮式的名字與認同，一個繞著一個：一個獨一無二的思鄉圓圈……在這個故事裡，我深深相信語言本身已滿懷嫉妒」[2]

　　德希達由柏拉圖的真理觀和模仿論來談到一種西方根深柢固的思想，即關於真理的思想，批評貶文學而揚真理的邏輯為中心主義的文學觀，他提出文學與真理都是人類話語文本，不是一方決定一方等級觀，而是替補的平等差異系統，所謂邏各斯及真理只是人類敘述的一種敘述話語。[3]

　　由巴別塔思考延伸出我們必須打破「同一性」暴力宰制，而強調非宰制多元發展可能，儘管可能陷入迷宮當中或者跌入某些深淵裡，當我們體會對萬事萬物的理解趨於表象化或者概念框架化時，要警覺於逃離幻象的危害而游離在無何有之鄉，不以父為名而馳騁於無邊無際的原野之上。

二、同一性與暴力問題

　　同一性與暴力之間有著密不可分的關係，當你認同自我，當中會產生對同一性執著的幻象，而排擠他人的面容，不願回返於原始的道，原始的純真，一個全然他者會被迫消亡在「同一性」的追求上。

---

[1] 根據《創世記》第十一章說到人們想要建造巴別塔，那是同音同聲，可以壯大自己的塔，是個單一語言，但為何上帝不喜歡而又破壞呢？乃是這塔若建造起來，將產生強大的破壞及毀滅力量，因此上帝不允許人們依自己喜好建造這塔，有趣的是在九到十一章當中所描述的原始語言是一樣的。

[2] 德希達著，（Jacques Derrida），張正平譯，《他者的單語主義：起源的異肢》，桂冠出版，2000年出版，前言中。他者的單語主義其實就是外來法治的獨立自主權，它是殖民本質的主權，以高壓方式不停地把語言壓縮成一。

[3] 蕭錦龍，《德希達的解構理論思想性質論》（北京：中國社會科學出版社，2004年），頁164-169。

　　誠如波特萊爾的《惡之華》從流浪者眼光中看到的文明中欲望[4]，釋放的撒旦呈現出對世界的對抗，那是自由非同一性保證，如此才能呈顯孩童的純真，如此顯現出文學之所以美。

　　文學純真的追求者，不受羈絆，游離於世俗之外，看似跌入深淵，無限延異，不歸屬於神聖的存在，近似惡的存在，展現如「人不同於獸，在於他們遵守禁忌，但禁忌是模糊的。他們遵守禁忌，但也需違反，違反禁忌不是由於他心中愚昧無知；違抗要求堅定的勇氣。」[5]

　　對立於具象，它需要高明的幻想精神，以便烘托形上、神祕神聖堡壘，以傾向超驗隱祕內在性；巴塔耶文學之惡，惡之所以為惡，乃為突顯文學當中神聖隱祕內在性，巴塔耶的文本突顯出完滿存在本真追求，乃是違反於成人意識形態的宰制習語，誠如策蘭（Paul Celan）在語言中放入德語字詞，也放入法文、希伯來文、猶太文、西班牙文，這書寫，使語言含糊不清與結結巴巴，他的特意打破德語的單一性，不讓語言陷單一書寫暴力，企圖將經歷納粹屠殺恐怖及不能遺忘傷痕印記，藉由語言多元迷宮書寫方式安置，德語對策蘭而言，是摯愛母語，同時也是劊子手語言，兩相拉扯，德希德《心聲——獻給保羅‧策蘭》中分析：皆一（"IN EINS"）表現在時間單一重覆及數字發音可能性，也暗喻多種意義與多種語言，德希德分析到要說出心聲，才能過這關，才能過語言及生命關卡。[6]猶如德勒茲所評保羅‧策蘭的邊緣性語言，乃像遊魂般、鬼魅般存活在空白話語之下，逃離黑幕點字機，以存在的虛無感，去而復返，夾帶著框架面具成為人間文明邪惡的諷諭。

三、話語與暴力

　　德里達在《他者的單語主義》提到「我」的語言，總是弔詭的自我性的地方。[7]德里達文本中提及「但是誰能擁有語言呢？語言又擁有誰呢？語言是

4　波特萊爾（Charles Pierre Baudelaire），郭宏安譯，新雨出版，2014。
5　[法]巴塔耶著（Bataille,G.），董澄波譯，《文學與惡》，北京：燕京出版社，2006年，頁177。
6　《中外文學》，第35卷，第2期，2006年七月出版，頁72。
7　劉永晧著〈王家衛《墮落天使》中失語現象：失去的母語與多出的電影語言〉，出於《中外文學》，200607年出版（35：2期），國立臺大出版中心。劉永晧在此篇文章中舉出德希達說法

在擁有之中嗎？能否是一個擁有或是一個被擁有的保存？被擁有，或是被獨一無二地擁有，如同一件個人財產？何謂語言的歸依，我們永遠回歸的家園呢？」[8]

所以我的語言不許有任何主體性的占有。德里達說：「沒錯，我只有一個語言，但這個語言不是我的」[9]

德里達說：「當我說我唯一的語言不是我的時，我並沒有說這個語言是外國語言」[10]，若按其邏輯來說，我們不可能可以看見我們去再現我們的語言。[11]

話語或者說文字符號與道之間關係充滿無限張力的可能，不是單一對應關係，它是千層萬層堆疊出意義的本身，它不是拘執單一呈現的意義，或者說不再以某原型的或者某存有的概念拘執，以至於以幻為真，走偏方向，還予以「暴力」詮釋，而忘了存有體驗到本身的千萬變化的無限開展的可能性。

文本及文化當中強調話語，話語本身必須不斷還原本真，不斷非「同一性」才能趨進等同於道。文化本身的話語反省，裡頭涉及政治、社會及教育的菁英話語這塊，誰是菁英？菁英依何而說了什麼話？或者菁英的崛起因何勢力，這裡都涉及權力與話語之間的互動影響，甚至涉及了文化交涉問題；話語，其實當代反省起來，話語具有集體社會意識形態的架構，當你嘗試說出時，很容易陷入結構的「暴力」之中，或者是「同一性」的「暴力」之中，你無法真正說出「所指」的部分，因為意義本來就不清楚，但你以為清楚，而帶有話語「暴力」去詮釋這東西，當中意識形態的詮釋往往可能夾帶「暴力」的話語部分，話語是群體政治面向，話語難以扶正，話語本身就有偏執。

8　德希達著，（Jacques Derrida），張正平譯，《他者的單語主義：起源的異肢》，桂冠出版，2000年出版，頁18。

9　德希達著，（Jacques Derrida），張正平譯，《他者的單語主義：起源的異肢》，桂冠出版，2000年出版，頁2。

10　德希達著，（Jacques Derrida），張正平譯，《他者的單語主義：起源的異肢》，桂冠出版，2000年出版，頁5。

11　德希達著，（Jacques Derrida），張正平譯，《他者的單語主義：起源的異肢》，桂冠出版，2000年出版。

　　德希達說到：「他只能透過一個政治假象建構的異常程序來給他對語言的佔有賦予一些實質和發揚，也就是說，因為語言不是他的自然所有，正因如此，他可以透過文化篡奪的強暴做歷史的偽稱，也就是說用一種殖民的方式來奪取語言，把它變成自己的。這就是他的信念，他運用暴力或取巧想辦法使別人也相信。他用修辭、教育或軍隊迫使別人相信，就好像處理神蹟一般。」[12]

貳、身分幻象與同一性暴力

　　誠如劉紀蕙教授反省的問題：他（海德格）在〈同一律〉（Identity）與〈技術的追問〉這些文章中所質問的便是：「語言有其歷史性與框限」。我們身處語言之中，受到該歷史時代所設置的「座架」（Ge-stell）之擺置與逼索，朝向「被允許進入的歸屬之處」跳躍，與此座架同一，並以歸屬此座架為存在的依據，進而依此進行「對於一切的規劃與計算」（《海德格爾選集》，頁654-5、937-40）。主體在語言中找到了自己安身立命的位置、認同的座標，而此位置與座標，是在他所處的時代中已經被設定或是正在形成中的架構。每個時代都在自行完成一個屬於該時代的座架，是個隱蔽而不須檢驗的立場，但是這個架構卻遮蔽了主體存有的整體狀態。這種遮蔽，是歷史的遮蔽，是遺忘。因此，海德格直接指出，面對「這個時代正在自行完成的形而上學的隱蔽立場」，我們需要進行一種本質性的爭辯，以便「把我們自己的歷史性本質從歷史學和世界觀的蒙蔽中解放出來」（〈尼采的話「上帝死了」〉，《海德格爾選集》，頁801）。[13]

　　筆者以為單一身分認同可以說是單一視角的世界觀，這世界觀很容易成為殖民化的思維邏輯辯證法。殖民化的思維辯證法對單一文明價值的執著，對非我族類易採取暴力形式的方式來處理，這使得我們無法產生主體際性的

---

[12]　德希達著，（Jacques Derrida），張正平譯，《他者的單語主義：起源的異肢》，桂冠出版，2000年出版，頁25。

[13]　Kristeva, Julia. *Powers of Horror: An Essay On Abjection* (1980). trans. by Leon S. Roudiez. New York: Columbia University Press, 1982. 引自劉紀蕙為《恐怖的力量》（臺北：桂冠出版社，2003年）所寫的導論：〈文化主體的「賤斥」——論克莉絲蒂娃的語言中分裂主體與文化恐懼結構〉。

和諧。一個整全人文精神向度，是去除單直線的想法，不管任何人都有終極關懷，好比康德所言，人能知道什麼、人能做什麼、人能希望什麼一樣，當我們以目的，有稜有角去看待各種孕育人格的沃土時，自是會有貶人貴己之言，沒有一個人是沒有根源憑空而降的，尊重差異甚於排除異己是尊重自己的方式，事實上，因為你也是別人眼中另一個他者。

一、同一性產生單一身分認同

　　同一性容易建構出單一幻象，單一身分的幻象符合衝突對抗策者的「暴力」目的，當然每一群體身分都能給予人歸屬感和忠誠感，如此將人牢固地嵌入某一社會聯繫之中，把每個人放入單一假定裡，當這放在狂熱宗教分子的群體時，初期跟隨者會被唆使忽略其他聯繫，而僅關注在限制身分的群體關係上，而導致社會其他關係緊張與暴力。對於那些煽動「暴力」的人，他們竭力尋求這種簡化主義的思維模式，而滋生「暴力」的價值取捨，去擠掉思考自由及冷靜推理的可能，它依著一種邏輯，一種片段邏輯，忽略其他歸屬的重要，並且以咄咄逼人的形式重新界定這唯一身分，並且通過片段的強調和煽動來抹殺人們的其他各種歸屬和關係，[14]我想這些都不容小覷。

二、虛構的主體與想像的身分認同

　　話語意味著我們虛構了主體，以至於它成為我們的信仰，依此建立虛構「真理」、「現實」與「實體性」，而這就是「同一性」的效應，主體應不是活在全景監視之下的「同一性」思維，這宰制人的「暴力」，其實不亞於身體「暴力」。

　　傅柯所講述的尼采，他於《道德的重臨》訪問中談到：「我是尼采支持者」。尼采甚至談到「主體（subject）」：我們認為最高現實感（feeling of reality）的一切不同衝動底層存在某種統一性，主體就是用以稱謂這一

---

[14] [印度]阿馬蒂亞‧森（Amartya Sen）著，李風華、陳昌升、袁德良譯，《身分與「暴力」——命運的幻象》（北京：中國人民大學出版社，2012年），頁144-151。

信仰的術語。因為，我們以為這種信仰乃是一種原因的效應（effect）。也就是我們十分相信我們的信仰，以致我們為了它而想像（imagine）了「真理」、「現實性」、「實體性」（substantiality）等。——「主體就是虛構（fiction），把我們具有的許多相似狀態視為同一個根基（substratum）的效應。」「人是近代才被發明出來，或許還瀕臨盡頭呢？」盡頭來臨時，宛如抹去「畫在海灘上的臉孔」一樣。[15]

摘掉身分幻象是一次大挑戰，但同樣考驗人的是他人來為我們移植一個「真實的我」，把我們描繪成不同於我們自己所想像的那樣，那種有組織實施的身分歸類往往是各種迫害和扼殺的前奏。[16]

三、文明單一分類身分的虛幻

在杭廷頓（Samuel Huttington）的《文明的衝突與世界秩序的重建》說到早在衝突或者沒有衝突之前，它就預設了一種單一的分類觀，這主題是依於所謂文明圈對人類進行單一分類；這統攝性力量往往可在各大宗教之間劃分上看到，它假定單一分類是唯一相關的，但它忽略了文明內部的差異性；這種基於文明視角的思維，既是關於文明之間必然相互衝突理論的根本缺陷，將不利於在文明之間進行對話的努力，如此將多維度視角窄化為單一維度，這是建立在虛幻知識層面上。[17]

想像出來的單一身分的一個顯著用途，就是成為「文明衝突」。單一身分幻象遠比多重身分和多樣身分分類具有分裂性，而用文明範疇解當今衝突事件困難在於文明沉溺於一種特別野心勃勃的單一性幻象（the illusion of singularity），因之它對文明劃分過於粗糙以至於它使現實經驗更加隔絕，它依賴某些假設而忽略其他的可能性群體身分連結，而劃一為同質性的缺點便是

---

[15] Michel Foucault, *The Order of Things An Archaeology of the Human* Sciences,trans.Alan Sheridan Smith,New York:Random House,1970,p.387.

[16] [印度]阿馬蒂亞‧森（Amartya Sen）著，李鳳華、陳昌升、袁德良譯，《身分與暴力》（*Identity and Violence*，2012年），頁8-9。

[17] [印度]阿馬蒂亞‧森（Amartya Sen）著，李鳳華、陳昌升、袁德良譯，《身分與暴力》（*Identity and Violence*，2012年），頁10-13。

忽略多重身分的可能性，而我們的生活世界實際上便是多維度視野的展現。

克莉絲蒂娃（Julia Kristeva），認為主體即透過說話來建構自己的主體性，這主體是不確定的動態過程，克莉絲蒂娃認為語言哲學與主體哲學無法分開，以克莉絲蒂娃來看，單一主體建構，易產生其它主體被貶抑，這些近乎對母土或者所謂神聖崇拜，易導致自我與他人的對立，以致於仇恨異族及外國人，而犧牲了他人，因此我們必須破除此，由依戀主體性朝向非依戀主體關懷，將自我打破，脫離與母土共生的虛相，從而產生動態主體際性的建構。

克莉絲蒂娃在九十年代書寫文化祖國時，她說到我們的祖國母親，一個主觀空間，關乎崇拜與仇恨起源，卻導致異族仇恨與外國人恐懼症（*Nations Without Nationalism* ,p 2-4）。[18]它必然朝向卻必須離開的「流奶與蜜的家園」，有著禁忌與犧牲謀殺對象（*New Maladies of the Soul* ,p118）。[19]

四、虛幻的可怕與對立

克莉絲蒂娃單一身分之下，其它非我族類，被視為低賤污穢象徵，以鞏固自身血統純正性或階級自身凝聚力，其餘被判為污穢人、事、物，他的主體性被完全貶抑、唾棄及蔑視。[20]《分歧者》，是新近看的電影，內容其實跟控制感覺一樣，為了維持和平與秩序，分歧者被認為是不能定義及歸類的派別。博學者為了方便控管，或說是為了強制管御整個社會，必須將每個人分門分派，以便取得某些統治的可能性；這其實在說當我們為了一種平衡的假象的可能性時，所謂思維反省多元的人性的體恤即將消亡，而陷入一種非美即醜的二元對立；當然對立的一面，由於游走邊緣，成為標榜單一價值的人種必除之而後快的敵人，尤其很容易成為功利或權力一方利用的洗腦控制，這樣的社會其實是可怕的。

---

[18] Kristeva, Julia. *Nations Without Nationalism*. (1990) Trans. Leon S. Roudiez. New York: Columbia University Press, 1993,p 2-4.

[19] Kristeva, Julia. *New Maladies of the Soul*. (1993). Trans by Ross Guberman. New York: Columbia University Press, 1995,p118.

[20] 克莉絲蒂娃將佛洛依德《圖騰與禁忌》獻祭來解釋父子之間伊底帕斯情結，在前伊底帕斯原初時期，父親未出現前，母與子同在未脫離前心理狀態，一方面是共生，一方面是分離、脫離。

沙特（Jean-Paul Sartre），在其〈反猶分子的畫像〉（"Portrait of the Anti-Semite"）一文中寫道：「但其他人則把他們看作是猶太人，……是反猶太主義者製造了猶太人。」指控別人往往蘊含著兩種彼此不同但相關的歪曲：錯誤地將人描為屬於某個指定的類別，並堅持認為這種錯誤的描述構成該人唯一相關的身分。為反對外部強加於個人的這種身分，個人可以反對對自己特徵的錯誤描述，也可指出他所具有的其他身分。詆毀他人做法的基礎，一是對他人予以錯誤的描述，二是製造這些是這個可鄙棄的人的唯一身分幻象。[21]

參、意識形態幻象與暴力

一、意識形態的反思

何謂意識形態？之前的馬克思（Karl Marx, 1818-1883）與恩格斯（Friedrich Engels, 1820-1895）在《德意志的意識形態》（*The German Ideology*）中談到，意識形態其實是種「虛構」（fabrication）、是種自我辯解的主觀觀念，馬克思理論批判重點便是談到了這種虛假意識：「人們迄今總是為自己造出關於自己本身、關於自己是何物或應當成為何物種種虛假觀念。他們被照自己關於神、關於模範人等觀念來建立自己的關係。他們頭腦的產物就統治他們，他們這些創造者就屈從於自己的創造物。」[22]

原先它是站在政治上談到它是種統治階層試圖遮蔽和扭曲社會現實之思想，[23]此意識形態將建構自我以及個人與歷史關係的虛假意識（false consciousness），若按俞吾金的《意識形態論》說法來看，這虛假觀念有五項基本特徵：分別是合理性（rationality）、普遍性（universalness）、永

---

[21] [印度]阿馬蒂亞‧森（Amartya Sen）著，李鳳華、陳昌升、袁德良譯，《身分與暴力》（*Identity and Violence*，2012），頁8

[22] 由《馬克思恩格斯全集》卷三（北京：人民出版社，第一版，1960年），頁15，間引自王曉路《西方馬克思主義文化批評研究》（北京：北京大學出版社，2012年），頁114。

[23] 參見大衛‧麥克里蘭（David McLellan）著，施忠連譯，《意識形態》（Ideology，臺北：桂冠出版社，1991年）。

恆性（eternality）、目的性（teleology）、觀念的支配性（ruling functionof ideas）。[24]

阿圖塞（Louis Pierre Althusser）則以為它並非虛假，它是概念框架，「意識形態是一種具有社會必要性的意象、神話、結構和概念組成的網絡，這種網絡是無系統的、去中心的：意識形態是一個表徵（意象、神話、觀念和符合場合的概念）系統（具備其邏輯和固嚴性），該系統賦有特定社會核心中存在的權利，並在中扮演正史角色」。[25]

後來的盧卡奇（Lukács György, 1885-1971）提出了「統治階級的階級意識形態投影」（projection of the class consciousness），所以按盧卡奇來說：「沒有必要一方面繼續被困於作為虛假和不完整意識的形態的無效對立中，另一方面也沒有必要受制於某種絕對的、非歷史模式的知識的科學，因為並非所有的階級意識都是虛假的意識，而科學不過是真實的階級意識的一種表達或編碼。」[26]

與意識形態相關的，葛蘭西（Antonio Gramsci, 1891-1937）則提出「文化霸權」（cultural hegemony），或者是後來霍克海默（M.Max Horkheimer, 1895-1973）、阿多諾（Theodor Wiesengrund Adorno, 1903-1969）、馬庫色（Herbert Marcuse, 1898-1979）提出由無產階級取代資產階級的意識形態轉化為批判工具理性的意識形態。

到了1946年卡繆（Albert Camus, 1913-1960）提出了「意識形態的終結」（end of ideology），[27]美國福山（Yorshihiro Francis Fukuyama, 1952-）和杭廷頓（Samuel Phillips huntington, 1927-2008）繼續這思潮，到羅蒂（Richard Mckay Rorty, 1931-2007）與德希達（Jacques Derrida, 1930-2004）提出了「後意識形態」社會（post-ideological society）。

---

[24] 間引自王曉路《西方馬克思主義文化批評研究》（北京：北京大學出版社，2012年），頁114，文中俞吾金的說法。

[25] Philip Goldstein.*The Palitics of Literary Theory:An Introduction to Marxist Criticsim*.Tallahassee: The Florida State University Press,1990,p.23.

[26] 齊澤克等著，方杰譯，《圖繪意識形態》（南京：南京大學出版社，2002年），頁237-238。

[27] 早在之前馬克思、恩格斯、列寧及史達林在《路德維希‧費爾巴哈和德國古典哲學的終結》（*Ludwig Feuerbach and the Outcome of Classical German Philosophy*，北京：人民出版社，1997年）已提出此詞，見頁48。

　　如此，我們先瞭解意識形態為何。齊澤克歸結意識形態看法，齊澤克曾說到：

> 「『意識形態』可以指稱任何事物，從曲解對社會現實依賴性的沉思的態度到行動取向的一整套信念，從個體賴以維繫與其社會結構之關係的不可缺少的媒介，到使得主導政權力合法化的錯誤觀念。」[28]

　　意識形態為國家執政者所用，使政權合法化，以此指稱曲解的一套信念，個體與社會關係，依此意識形態構成可能錯誤的信念網絡。

二、意識形態背後的暴力

　　傅柯強調話語背後的話語詮釋掌控，眾所皆知話語背後有一股意識形態成形，這意識形態根植於人心，操縱是非對錯的標準，而在主流社會之下，一條鞭式的教令宣講，很容易潛存「暴力」詮釋是非對錯問題。

　　費德希克・格霍（Frédéric Gros）[29]說到：「『知識的意志』這個主題使傅柯得以將真理遊戲思考為排除系統，呈現其暴力面孔。這種作為支配的專制事業的真理觀念從不曾被哲學思考。」，而在此之下，社會當中所有人並不全然符合規訓原則。傅柯強調邊緣人物其行徑並非是錯的，只不過不符合主流話語的訓誡之下。

　　齊澤克強調意識形態不僅是虛假意識而已，更是受到幻象支撐了整個社會存在，它排斥非正軌及瘋狂，意識形態可以說是幻象，是個圍牆，圍牆意象恰足以說明偏見、暴力與不公正。這是荒謬的，因為啟蒙一向標榜公平、正義與合理，但傅何卻認為西方文明對理性粗暴切割，對於瘋狂打壓，將道德起源放在空隙及短缺的荒謬上，而又設法追逐，這是作繭自縛，它是讓人

---

[28] 參見齊澤克等著，方杰譯，《圖繪意識形態》（*Mapping Ideology*，南京：南京大學出版社，2006年），頁4。

[29] 費德希克・格霍（Frédéric Gros），《傅柯考》（臺北：麥田出版社，2006年），頁97。

進退兩難的圍牆。[30]

三、意識形態幻象的作用

看似合理合法符合真理意識形態，又為何是虛假，又甚至以虛假意識形態引領未來？

這裡要談到幻象，幻象使所有進行成為可能，因為其有特殊作用。在〈結構及其事件〉一文中，齊澤克指出：「結構只有通過隱藏其基礎性事件的暴力才能發揮作用，而且這個事件真正敘事最終只會是注定要解決衰弱的結構性／同步性秩序之對抗性／矛盾性的一個幻象。」[31]

意識形態幻象就是遮掩社會中不一致的支撐點，用意在於解釋社會對抗的意識形態的敘事（ideological narrative），如此一來可以將原初僵局（deadlock）給封閉。[32]

齊澤克以為作為意識形態主體人的存在方式就是幻象，幻象是結構主體欲望方式，也是主體現實感賴以建構的圖式（schema），他說到「現實的框架也是由引起幻象的幻象殘餘（fantasmatic surplus）所結構起來的」；我們的「現實感」（sense of reality）的終極保證來自於，我們體驗為「現實」的東西是如何屈從於幻象—框架（fantasy-frame）的。[33]透過幻象，才能建構欲望及學會如何欲望。[34]它是欲望展演劇本，是為了遮蔽閹割的出現防禦，像是電影螢幕上凝止的影像[35]。

---

[30] 齊澤克等著，方杰譯，《圖繪意識形態》（南京：南京大學出版社，2002年），頁237-238。

[31] 參見齊澤克著，莊桂琴等譯，《易脆的絕對——基督教遺產為何值得奮鬥？》（*The Fragile Absolute:or Why is the Christian Legacy Worth Fighting for?*，南京：江蘇人民出版社，2004年），頁87。

[32] 參看紀傑克著，朱立群譯，《幻見的瘟疫》（*The Plague of Fantasies*，臺北：桂冠出版社，2004年），頁17。

[33] 參見齊澤克著，季廣茂譯，《實在界的面龐》（*The Grimaces of the Real*，北京：中央編譯出版社，2004年），頁30。

[34] 參見紀傑克著，蔡淑惠譯，《傾斜觀看——在大眾文化中遇見拉岡》（*Looking Awry: An Introduction ot Jacques Lacan Through Popular Culture*，臺北：桂冠出版社，2008年），頁7。

[35] 參見狄倫·伊凡斯（Dalyn Evans）著，劉紀蕙等譯，《拉岡精神分析辭彙》（臺北：巨流出版社，2009年），頁97-98。

前面談到結構只有通過隱藏其基礎件暴力，才能發揮作用，這結構就是提供意識形態幻象化的方式，藉此隱藏對事件暴力詮釋，透過幻象才能建構我們欲望投射出的烏托邦，來遮掩過去的不一致，閹割過剩不諧合的多餘。

四、意識形態與身分自我認同

齊澤克認為幻象不可避免帶來身分的主體建構，我意欲我成為我所是，我以為我所是是符應原物所是的狀態。

幻象是為了保持意識形態對象而存在的。可以說在面對分離或創傷時，幻象選擇了弭合不一致裂縫，也因此成就了事件的敘事觀點，並由此結構了所有相關意涵，就是主人能指作用（master signifier）的縫合點（quilting points）。

而在此事件本身被結構所防禦，事件本身又是虛幻結構的迴圈，其中又包含事件與結構兩相成全。[36]

換句話說，我們選擇了何等身分，這身分是個幻象，而幻象而投射出詮釋自身的可能性，以至於我們看不見原物在我身上實際作用，但我們設法製造出原物在我身分幻象，以至於我們以假為真，讓它成為身體常態性結構，以便背反原物幻象不可能出席的裂縫處，而這在這裂縫處的縫合點，我們看到支持這身體結構以符應符號秩序的暴力詮釋。

因此齊澤克以為：

> 幻覺並不出現在知的那個方面，它已經出現在現實之中，出現在人們正在做的事物和人們的行為之中。……他們所忽略和誤認的，並非現實，而是幻覺在構建他們的現實……。[37]

---

[36] 參見楊慧林，〈「反向」的觀念與「反轉」的邏輯——對齊澤克「神學」的一種解讀〉，香港：《道風：基督教文化評論》2010年第32期，頁236。

[37] 參見齊澤克著，季廣茂譯，《意識形態的崇高客體》（北京：中央編譯出版社，2001年），頁44-45。

幻覺建構他們的現實，使我們以為做的事及行為合乎秩序，然而這詮釋，可能被綁架，被幻覺綁架，以此幻覺來進行暴力詮釋。

這幻覺與意識形態崇高客體相關，我們很容易有個意識形態崇高客體的景仰，而且逃避原物造成的衝擊，給予賦義並加以馴化。[38]如此，事件被結構所防禦，又是在虛幻結構迴圈，這迴圈在事件與結構當中成全彼此。這結構成了屏障，好比是我們決定選擇信仰，以便來繼續追尋，這是主人能指作用的縫合點（quilting points），但這也可能是暴力隱藏，使自身處於不可能凝視點，這是處於不可能位置的凝視（impossible gaze），[39]凝視是使自身站在一個不可能凝視點，使大他者的凝視成為自身的凝視，以便成全整體意涵的秩序，是虛假地使自身豁免於具體歷史之外，這種凝視是犬儒與無知的凝視，是虛假將自身豁免於具體歷史之外，靠著幻象對象尋找原初失落替代，但又排除接近原物的客體，[40]以便成就整體意涵秩序，而這正是幻象。

幻象是為了保持意識形態表象而存在的。普遍在世界，以神命名的純粹語言，在失落後，成為中介的媒介，這是語言墮落，它所成就乃是幻象，人類精神在廢墟中消逝，而我在其中欲找到救贖塵埃，因此我們渴望由夢中喚醒世界，在腦海中交織希望，正如一顆星辰從天空隕落，我們往彌賽亞的方向狂奔，然而卻因幸福而遭滅頂之災。[41]因滅頂之災而受難，班雅明給予正面積極看法，在受難中引來彌賽亞，誠如班雅明所言：塵世有一種節奏，它出自於彌賽亞的自然節奏，由於它以自然之永恆、總體性消亡為理由，它屬於彌賽亞，它是一種幸福。

---

[38] 參見齊澤克著，季廣茂譯，《意識形態的崇高客體》（北京：中央編譯出版社，2001年），頁99-100。

[39] 參看紀傑克著，朱立群譯，《幻見的瘟疫》（*The Plague of Fantasies*，臺北：桂冠出版社，2004年），頁25。

[40] 參朱大成的〈摺疊反思與反思的自身：齊澤克文化和基督宗教理論中對絕對性的追尋〉，香港：《道風：基教教文化評論》2011年第34期，頁132。

[41] 班雅明在《神學政治片論》中（Theologisch-politisches Fragment）說到解放救贖的彌賽亞「使歷史面貌完滿，而就此意義，在救贖的關聯中達成自我補救、完滿、創建」。

肆、穿越身分認同的幻象以及越界正義的可能性

為消弭暴力的可能性，我提出了主體身分幻象的危害以及越界的正義觀點的可能性，希望能藉由對立與矛盾的概念，消解主體幻象的城牆，讓城牆倒塌，以至於我們無主體，或者是遊牧主體，游離在邊界之上，不斷使己身參與其中，呈現跨主體的「越界」狀態。

以克莉絲蒂娃來看，就是不要有固定身分認同，這主體是變化著，據此，克莉絲蒂娃談到邊緣狀態而沒有固定身分認同的主體性，「過程中的主體」（subject in process），是個無政府狀態的主體。她認為不要有固定的身分認同，保持變化的主體，不斷更新，不斷創造。她提出「在危機狀態中的主體」。[42] 按此，過程及在危機的主體，主體不是意欲我有主體，而是相互融滲，參贊化育過程，使主體與客體消失，使主觀與客觀消失，使原型與非原型消失，它是不斷復返狀態，不斷馳援「越界」的挑戰邊線，進而建立真正的正義的可行性。

一、由德勒茲差異談起

擺脫自我與另類思考的共同描繪主體，德勒茲談到「越界」，「越界」是置身於知識與無知的極點（Deleuze，1968：4），「越界」指的是「所思」與不可思考所浮動交織無定限極限，彷彿主體性不斷由已知與未知、思想與不可思考的虛擬線所標誌。「差異」與「重複」是種拓樸關係，「重複」因而是種「差異」；只是這是一種總在自身之外的「差異」，一種「差異」於自身的「差異」。

---

[42] 克莉絲蒂娃在《詩語言的革命》提出此概念，在後期的《歐洲主體的危機》（*Crisis of the (European) Subject*, 1999），《沒有國家主義的國家》（*Nations Without Nationalism*, 1990）、《我們的異鄉人》（*Strangers to Ourselves*, 1991）等書都有。

二、是生命衝力可能性

至於「差異」則是一種「重複」（Deleuze，1956：104）並且透過特異性展開此拓樸關係，每個特異性都是權力意志要表達的，說的都是同一回事，藉由絕對的「差異」與重複，才可以理解永恆的回歸。也就是指明了回返即是存有，此存有是流變存有，回返是流變自身的流變，就回返而言是相同的「同一性」。[43]

這非「同一性」思考的運動，其實就是「同一性」思考，「差異」地思考「差異」，本身在思維運動的掌握，呈現出辯證生命現象的無限可能性，它可以是「有」，它可以是「無」，它也可以是「有無」當中的合一，它可以是「有無」當中的非合一性，是辯證式的運動存在歷程，它不拘執任一埠，它在無數否定、否定的否定、否定的否定的否定等蔓延開來，這非「同一性」思考，是要打破主體、語言、原型的框架，重新還原生之可能性，也就是回到柏格森（Henri Bergson, 1859-1941）[44]所講的生命衝力（elan vital）的面向。

三、有一條線

本文強調穿越身分幻影與越界正義的可能性，表明著有一條線必須越過。有一條線必須越過，這是主觀化的進程，也是生存方式的產生，去掉了主體一切內在性，甚至一切同一性。[45]在主體化過程，不可化約四種皺摺模

---

[43] 楊凱麟，〈自我去作品化：主體性與問題化場域的傅柯難題〉，載於黃瑞棋主編：《再見傅柯：福柯晚期思想研究》（杭州：浙江大學出版社，2008年），頁57。

[44] 柏格森不僅是法國當代著名的形上學家，也在1927年獲得諾貝爾文學獎。柏格森的生命哲學從批判實證科學開始，強調智者應洞察到物質變化的成因、過程與發展，這是「直觀」，將己放到客體之中，與無法描述的對象合而為一，這是訴諸內心的體驗，直接把握存在的本質與真相。柏格森把永不停歇的變化稱之為「綿延」（duration），時間不只是現在到未來的過程，而是連續不斷、互相滲透、互相交融的狀態。而意識是一種整合、交互作用與互相滲透的「流」，於是他稱意識狀態為「意識流」。

[45] 參見德勒茲著，劉漢金譯，《哲學與權力的談判》（南京：譯林出版社，2012年），頁106-107。

式，一是自身快感欲望，二是力量關係的皺摺，三是知識或真理的皺摺，四是域外皺摺，主體以四種方式等待不朽、永恆解放與超脫。[46]德勒茲試圖透過域外、摺疊與思說明存有發生可能性。[47]

這個主體化的過程，是力量與自我的關係，是力量的褶皺。在力量線褶皺方式就是存在方式構成，生命的可能或者存在可能需要再創造或者再出現，這是他建構第三維的主觀性。

德勒茲讀傅柯時，他看到「域外」拓樸學模式，他說到疊層（strata stratum）、地層、沈積是「實證性或經驗性歷史建構」[48]，在不同構成的疊層之間有拓樸關聯，其中涉及真理遊戲問題，拓樸關係就是疊層化組成第三面向，也就是第三維。

所謂「第三維」是試圖要越過這條線。[49]越界代表一條線的存在，這條線必須重新思考，避免成為暴力的打手，這條線是游離且有彈性的。德勒茲談到：「思考就是皺摺，就是賦予域外共同伸展至域內。」[50]

關於這條線的描寫，傅柯談到了「歷史將我們禁錮和限制起來，歷史不說我們是什麼，而說我們正在與什麼有所不同」。[51]我們必須穿越暗黑歷史當中的皺摺，去實踐思想行為的哲學。

作為一個思想行為的哲學，思想是拉緊力量的關係，理解力量關係並不歸結為暴力，是構成當中我們去探問效用（如激勵、促使、轉移或變異等），它是建構行動基礎。誠如我們去理解十八世紀的瘋狂：在何種光線，可被看到？用何陳述可被說出？又如現代，我們能夠說出什麼或看到什麼？看與說有一條將兩者連綴在一起的線，如此可以轉換近與遠、活躍了陳述，[52]衝突矛盾可能瘋狂狀態是思想的經驗史，也是生命史，而那是辯證趨近真實方式。

---

[46]　Deleuze,Gilles.德勒茲《德勒茲論傅柯》，楊凱麟譯，臺北：麥田，2000年，頁183。

[47]　劉紀蕙的看法在〈德勒茲的域外皺摺與拓樸學〉（2008）

[48]　Deleuze,Gilles.德勒茲《德勒茲論傅柯》，楊凱麟譯，臺北：麥田，2000年，頁109。特別是在德勒茲〈拓撲學：另類思考〉這篇章展現。

[49]　參見德勒茲著，劉漢金譯，《哲學與權力的談判》（南京：譯林出版社，2012年），頁99-101。

[50]　Deleuze,Gilles.德勒茲《德勒茲論傅柯》，楊凱麟譯，臺北：麥田，2000年，頁109-208。

[51]　參見德勒茲著，劉漢金譯，《哲學與權力的談判》（南京：譯林出版社，2012年），頁103。

[52]　參見德勒茲著，劉漢金譯，《哲學與權力的談判》（南京：譯林出版社，2012年），頁103-105。

傅柯問：「如何越過這條線，如何超越這些力量的關係？」

越過這條力量線，越過權力，越過宰制的暴力，使它自我作用，按傅柯的說法是褶皺，這是力量與自身的關係，是將力量對摺，使我們與之抗拒、躲避或用生死反對權力的力量與自身的關係。誠如德勒茲（Gilles Deleuze）談到：思想就是摺曲，他以巴洛克風格為例，巴洛克沒有本質，只有摺疊的摺疊。[53]巴洛克式華麗裡是摺疊又摺疊，翻了好幾翻，怕是看撐了，重複了幾遍，直到面容消退，拐個彎說出迷宮詩學，單子靈魂正自由撲向他的方向，自有其歸屬，無附亦無執，這是使一切存在成為它自己樣貌的方式，而你又何必過度想像投射呢？該是讓一棵樹長成在它應有的地方，讓它應有姿態。

透過思，才能逃離被虛構身分幻象困擾的自我，透過言說及對話才能不斷驅離被意識形態馴化的虛假幻象。誠如傅柯所說：「語言的存在只有在主體消化裡才會如其自身出現……這種相對於我們哲學反思的內在性和我們知識實證性思維，我們可以將它稱為『外邊思維』」。[54]

四、越界正義可能性

以德勒茲皺摺來進行思考，皺摺式思考賦予域內延展至域外，不斷跨界，游離的結果是去除內在思維的高牆，這是在逃離那條暴力線，思維所展現存有的力量，在《德勒茲論傅柯》時，〈皺摺作用或思想之域內〉談到：「如果權力是真理的建構者，如何設想一種真理權力，它不再是權力的真理，而是一種源自抵抗的橫貫線（而非源自於權力整合線）的真理？如何跨越這條線？」[55]

若用克莉絲蒂娃來看，我想這是拒斥寄生於母體的方式，而產生越過那條線的第三維結果。

米家路在其所著的《身體詩學——現代性、自我模塑與中國現代詩歌1919-1949》談到了「現代自我從其母體（本土起源、偉大傳統、共同歷史）

---

[53] 楊凱麟著〈思想即是折曲，德勒茲的巴洛克問題[J]〉，《文藝理論研究》，2017,37(3):199-208。

[54] 傅柯（Michel Foucault）著，洪維信譯《外邊思維》，臺北：行人出版社，2003年出版，頁90-91。

[55] 德勒茲著，楊凱麟譯，《德勒茲論傅柯》，南京：江蘇教育出版社，2006年，頁98。

中進行一次新的分裂，」[56]，這種分裂，他藉由穆旦詩歌〈我〉（1945：55）來談：

> 從子宮割裂，失去了溫暖，
> 是殘缺的部分渴望救援，
> 永遠是自己，鎖在荒野裡，
> 從靜止的夢離開了體，
> 痛感到時流，沒有什麼抓住，
> 不斷的回憶帶不回自己，
>
> 遇見部分時在一起哭喊，
> 是初戀的狂喜，想衝出藩籬，
> 伸出雙手來抱住了自己
>
> 幻化的形象，是更深的絕望，
> 永遠是自己，鎖在荒野裡，
> 仇恨著母親給分出了夢境。

我們可以再一次看看克莉絲蒂娃所說的，我根據劉紀蕙所寫的克莉絲蒂娃，他說：克莉絲蒂娃說到這種抗拒，始自於主體對於母體的抗拒，因為若不離開母體，主體永遠不會發生[57]（Baruch，118）。

克莉絲蒂娃所討論的主體分裂的起點，或她所稱的「賤—斥」[58]，是一種推離排拒的動力。

按其所言：Ab是遠離，而ject是推開、拋出。推離母親，推離因與母體

---

[56] 米家路著，趙凡譯《身體詩學——現代性、自我模塑與中國現代詩歌1919-1949》，臺北：秀威，2020年，230-231。

[57] 劉紀蕙〈導讀：文化主體的「賤斥」〉，出於Julia Kriste va著，彭仁郁譯《恐怖的力量》（Power of Horror），臺北：桂冠，2003年出版，頁5。

[58] 劉紀蕙〈導讀：文化主體的「賤斥」〉，出於Julia Kriste va著，彭仁郁譯《恐怖的力量》（Power of Horror），臺北：桂冠，2003年出版，頁11-34。

牽連而攜帶的不潔之物，「如同痙攣，是吸引與推拒的漩渦」，是「存在本身最暴烈而黑暗的反抗」[59]

克莉絲蒂娃指出，這種推離賤斥的產生，源自於「對身分認同、體系和秩序的擾亂，是對界限、位置與規則的不尊重。是一種處於二者之間、曖昧和摻混的狀態」的壓抑與制止（《恐怖的力量》）[60]。

主體的形成為何會帶有激烈的排他暴力？驅逐異己的暴力，根據克莉絲蒂娃的描述，將不屬於己系統的異質殘渣，執行體制中的清理淨化，甚而集體屠殺異己者。克莉絲蒂娃指出，宗教儀式中的各種玷污禁忌與淨化儀式（第三章），以及聖經中的各種充滿憎惡的符號學（第四、五章），都具有同樣的驅逐暴力。驅逐暴力的原型，不屬己的異質殘渣驅除，甚或集體屠殺異己者，如宗教淨化儀式等，這都是表明主體原型暴力意欲根除的部分。根據克莉絲蒂娃的論點，便是「賤斥」（abjection）作用開始之時。[61]

驅逐暴力的原型，根據克莉絲蒂娃的論點，便是「賤斥」（abjection）作用開始之時，遠離母體牽連，跨越那條臍帶，就是越界，越界就是主觀化的進程，筆者以為：越界正義由此看來它是跨越主體，去除圍牆，在差異當中去思維正義問題，它既是有正義也是無正義當中的辯證式運動存在歷程，它是打破語言、原型框架，重新給予正義的可能性，而非在身分認同幻象當中，建構正義的虛無性。

越界正義說明了穿越身分認同的幻象，以回到真實的正義本身。

《德勒茲論傅柯》談到權力時，說到它是力量關係，它是數股力量的拉拒，而所謂的「暴力僅是力量的伴隨或後來物」[62]，現在主體若按米家路所說：「一旦從其母親源頭，從其歷史根源的總體性分裂，那麼現代主體性將總歸是一個無家可歸的碎片，一個無法回歸的局部，一個荒野中慟哭的被疏

[59] 劉紀蕙〈導讀：文化主體的「賤斥」〉，出於Julia Kristeva著,彭仁郁譯《恐怖的力量》（Power of Horror），臺北：桂冠，2003年出版，頁1。

[60] 劉紀蕙〈導讀：文化主體的「賤斥」〉，出於Julia Kristeva著,彭仁郁譯《恐怖的力量》（Power of Horror），臺北：桂冠，2003年出版，頁6。

[61] 引自劉紀蕙，〈文化主體的「賤斥」──論克莉絲蒂娃的語言中分裂主體與文化恐懼結構〉。

[62] 德勒茲著，楊凱麟譯，《德勒茲論傅柯》，南京：江蘇教育出版社，2006年，頁73。

遠的他者。」[63]

　　一個無家可歸的碎片，在荒野中慟哭被疏遠他者代表著現代主體，因此穿越主體幻象，總是離開那幻象的母體，而找尋在邊緣真理的可能性，找尋真正冒險中的自我，而越界正義其實就是說明了在自身的家鄉裡流浪，這有如傅柯所言：乃是源於一場充滿與幾近暴力的相遇。這動盪衝力或力量翻滾與原型固著暴力不同。它質疑了自身的生命與身分存在，荒原成為飢渴的探索者必然存在場域，而那聖杯也泛在記憶、氛圍或狀態隱喻的編碼裡。

　　若依尼采來看權力意志，德勒茲認為「力量是所有，權力意志是所願」，擁有意志的所願者，其權力意志，考察力量與力量的關係，是透過在場零和遊戲中創造生成變化的差異原則。[64]權力意志不是由「是什麼」來理解，世界本質是權力意志，生命本質是權力意志，操作永恆輪迴的就是權力意志，每次意願的回返是過去與當下交互作用的回應，它涉及對某相應問題的辨識、探詢與判斷，具有某種召喚的東西，是在搏鬥中開闢出來的力量物，是由複雜結構分化出來的至高幻象，在未知中開出一條道路的力量，它以反奴隸方式對抗制宰制，讓生命不再是風吹的葉子或者被玩弄的玩具。

伍、在主體廢墟當中尋找越界正義的可能性

　　在此書，我們將探討在廢墟中，去除典型主體或說是意識形態幻象主體，進而主體化過程，在主體廢墟中尋找越界正義的可能性。這部分，我仍將以齊澤克脈絡思考來建構之。主體過往在賤斥之下，驅除暴力的幻象，跨越那條線，越界，逃離被轄制的可能，所以我們必須進行主體廢墟思考。

一、何謂廢墟

　　齊澤克在《敏感的主體——政治本體論的缺席中心》（*The Ticklish*

---

[63]　米家路著，趙凡譯《身體詩學——現代性、自我模塑與中國現代詩歌1919-1949》，臺北：秀威，2020年，頁231。

[64]　詳見吉爾・德勒茲著，王紹中譯，《尼采》，臺北：時報，2018年出版。

Subject-the Absent Centre of Political Ontology）藉由拉克勞的說法，說到每一種霸權運作由根本上來說都是意識形態的，而主體是完成霸權運作的中介。

對於拉克勞（Ernesto Laclau）[65]來說主體化姿態是建立新霸權的姿態，也是意識形態的基本姿態。針對此，齊澤克舉了巴迪歐（Alain Badiou）[66]的說法來反駁，對於巴迪歐來說，主體化意謂著在這真理事物中，它打破了霸權意識態範疇或現存存在秩序的封閉。[67]兩者南轅北徹的想法提供我們新視角：筆者以為切記勿固著意識形態主體，以依戀方式將裂縫填補，而執行霸權行動，而真正的主體化是在思維實踐中將封閉高牆打破，將霸權打破，如此便形成了主體廢墟所在。唯有讓己處於確認自身是在廢墟狀態，才能由死亡的僵化主體，建構真正過程中流動的主體。

按齊澤克來看，主體是純粹空無，是意識形態建構出來的，所以齊澤克批判意識形態，意識形態的批判就在揭示意識形態乃是通過空洞的主人能指所構造出來的形式同一性，這是虛假無意義的幻覺。

在莫雷所著《穿越意識形態的幻象》[68]很好的解析了齊澤克所批判意識形態。莫雷說到：「在他看來，空洞的主人能指及其純粹形式的操作行為，恰恰是最具有意識形態意義的行為。」「意識形態的一致性是由縫合點所賦予的。」[69]依此空洞的能指將雜多事物建構出統一的整體。

依齊澤克之見，筆者以為我們必須進行廢墟思考，廢墟意謂著乃是不被控管，它存在那，控管失效成為剩餘空間，產生突變或例外地帶。廢墟沒有階級，廢墟比我們更早面對死亡，被放逐的魂魄，不知走向何處，就會到廢墟裡，作為原物幻象的破碎表徵物，廢墟成為一種美學，呈現是虛假，又虛假中看見真實，無邊無際滿天星斗中看見那星的墜落，那是寓言化之後呈現的屍體，世俗過度烙印的傾斜沉淪。[70]

---

[65] 拉克勞出生於阿根廷，政治哲學家、後馬克思人物，寫了《霸權與社會主義策略》。

[66] 引自劉紀蕙，〈文化主體的「賤斥」──論克莉絲蒂娃的語言中分裂主體與文化恐懼結構〉。

[67] 巴迪歐乃法國哲學家，反後現代主義。

[68] 莫雷所著《穿越意識形態的幻象──齊澤克意識形態理論研究》，北京：中國社會科學出版社，2012年出版，頁93。

[69] 莫雷所著《穿越意識形態的幻象──齊澤克意識形態理論研究》，北京：中國社會科學出版社，2012年出版，頁93。

[70] 參見齊澤克著，萬毓澤譯，《神經質主體》（臺北：桂冠出版社，2004年），頁15-16。

二、在對抗當中破除典型主體

依此脈絡下，對意識形態的批判乃是反對典型主體，透過空白的能指將無意義意識形態加諸於吾人身上，筆者以為對事件的意義回溯，我們不能任由意義被霸權詮釋，因之，我們需要回到原初命名與主人能指中去找尋，事實上沒有固定不變的意義，意義總是必須回到原初秩序中去尋找根源。[71]

齊澤克以為今日不管事件當中對抗的雙方都可能落入如此的試探中，我們將某些事件下了禁區或禁令，並且得以再生產及維持意識形態秩序，如今典型主體是這樣的，一邊對公開意識形態表現出不信任，一方面沉浸在有關陰謀、威脅等大對體[72]快感的極端形式的妄想狂幻象中。[73]

眾所周知，齊澤克分析拉康大對體或者說大他者是拉康精神分析核心概念，它是指高於或支配或決定主體的那些符號系統和象徵形象，譬如社會規則、父親或上帝等。這種典型主體以大他者為首的主體必須破除。

齊澤克在分析薩德與康德時，說到了康德把這種大他者的律令內化為人類主體良知，這是將他律轉為自律的絕對命令，而薩德所做便是將康德將他律的絕對命令，給予良知的上帝替換為淫蕩的大他者上帝，將康德的人必須做出倫理善的絕對律則，轉化為薩德必須盡情享用別人身體，因此齊澤克說到：「通過提及薩德，拉康把康德中的缺席解讀為對看不見的道德律令闡述者（陳述主體）的重顯和壓抑；正是薩德在『薩德式』劊子手——拷打者形象，使其重見天日。這位劊子手就是道德律令的闡述者（陳述主體），就是把自己的快樂建立在我們（道德主體）的痛苦和羞辱上的能動者。」[74]

根據韓振江分析如下：康德律令來自於烏有之鄉，他的絕對命令來自於

---

[71] 莫雷所著《穿越意識形態的幻象——齊澤克意識形態理論研究》，北京：中國社會科學出版社，2012年出版，頁94。這裡談到意義回溯，而我在以下的章節當中特別談到事件的意義回溯。

[72] 大對體，也就是大他者（the big other）；拉康（Jacques Lacan）名言以為「並不存在大他者」，所有的規則都是話語性的，都可以被踰越的。

[73] 參見齊澤克著，季廣茂譯，《實在界的面龐》（*The Grimaces of the Real*，北京：中央編譯出版社，2004年），頁145。

[74] [斯洛文尼亞]斯拉沃熱・齊澤克：《實在界的面龐》，季廣茂譯，中央編譯出版社，2004年版，頁9。

控制與壓抑主體享樂的大他者，薩德文學中的主人翁也如同這樣的倫理主體，康德主體為了義務而履行義務，而薩德主體是為享樂而享樂的，因此齊澤克認為康德的「履行你的義務」與薩德的「盡情享用別人身體」重合。[75]

這是荒謬、原樂的幻象，如同拉康所言：「我已經向你們表明，人們如何可以輕易地以薩德式的原樂的幻象來代表康德的『你必須』，這種原樂的幻象被提升到了律令的高度——當然，它是一種純粹的、近乎荒謬的幻象，但它並不排除有可能被提升為一種普遍的法則。」[76]

由此我們必須穿越身分的幻象，齊澤克以為更可惡的是統治者想透過榨取剩餘痛快來維繫其權力和官僚體系，這樣看來剩餘痛快為目的的意識形態產生兩種知識分子：也就是傻蛋（fool，左派知識分子）和混蛋（knave，右翼知識分子）。以下圖表簡易分析之：[77]

混蛋（knave，右翼知識分子）	是奉行者，是新保守主義，經濟自由市場的鼓吹者	只參考既有給定秩序的存在，並以此為他的論證，嘲弄左派烏托邦計劃，認為其必然走向悲劇性結局，嘲笑所有形式的社會團結，並視之為感情用事，阻礙生產的發展
傻蛋（fool，左派知識分子）	是宮廷丑角，是解構主義文化批評家	他公開揭露既定秩序下謊言的同時，卻也懸置了自身話語的行動效力，用雜耍程序顛覆現有秩序，但實際上為現有秩序的補充

試問：你是傻蛋（fool，左派知識分子）或混蛋（knave，右翼知識分子）？兩者是否可能重和？

三、必須穿越意識形態的幻象，在廢墟中重建主體

齊澤克以為破除意識形態幻象必須認同症狀，症狀與符號秩序相關，是普遍邏輯的例外，[78]也就是「親歷幻象」與「認同病徵」是一體兩

---

[75] 韓振江著，《齊澤克：新馬克思主義批判哲學》北京：人民出版社，2014年，頁94-95。

[76] 吳瓊著《雅克‧拉康：閱讀你的症狀》，中國人民大學出版社，2011年出版，頁731。

[77] 參見齊澤克著，朱立群譯，《幻見的瘟疫》（*The Plague of Fantasies*，臺北：桂冠出版社，2004年），頁70-71。

[78] 參韓振江，《齊澤克意識形態理論研究》（北京：人民出版社，2009年），頁241。

面。[79]認同例外的合理性。「認同病徵」意味著認知並接受一切現實秩序所必然帶有的過剩，它代表將病徵提升至普遍層次，並徹底顛覆社會的確存在的幻象。

　　一方面我們認同症狀，的確是親歷幻象，誠如筆者解讀德希達在《馬克思的幽靈》一書，利用在建構深度原住民文化詮釋時，筆者以為：那幽靈徘徊是歷史的，為的是在空間場域的暴力當中正義呼喚，它化為鬼魂現身，為的是要人們對其處境、角色甚或是精神有瞭解，它徘徊至今，為的是等待召喚，它進行某些工作，改變轉化成為某精神作品，成為我們加以驅逐或者緊緊相隨的鬼影魂蹤，鬼魂徘徊的蹤跡，幾乎是某種精神遺憾的拓樸，是歷史地說是某未竟的精神空缺造成的幽靈現象，這些路徑隨著廢墟當中的鬼魂反覆與驅逐，這既欲召請，又見驅逐，完成了某種上升到靈體或精神的現象階序，為揭露某種人性未定域的時間與歷史性。

　　另外一層面，必須清楚知道這幻象必須顛覆，摧毀這符號秩序的社會，穿越幻象乃是毀滅被符號界所結構主體，這欲望主體所構築的幻象，以便達到實在界不可能性的解放主體，歇斯底里的主體，呈現在符號網絡自身毀滅，是透過死亡驅力以達到懸置自身主體符號的符號秩序，這才是會有真正倫理行動的主體。[80]

總結

　　臺灣主體性是什麼呢？過去我們所建構的典型身分認同，是否得破除？是否得納入更多過程及流變的主體思考，我們哀悼那逝去的崇高意識形態的客體，正如齊澤克所言，得穿越幻象，重新認識症狀，瞭解人類死亡驅力，進一步死而重生，也唯有自我毀滅才能重新得以自我救贖作為。

　　我們試圖跨越暴力線，跨界，游離在不同主體間思考，是局內的，也是局外的，在思維的皺摺彎曲處，將域內延展於域外，將內在思維拉提到外邊思維，打破固著自戀式的主體，打破殖民式的思維，將所思維擴大成主體際

79　參見齊澤克著，萬毓澤譯，《神經質主體》（臺北：桂冠出版社，2004年），頁15-16。
80　參韓振江，《齊澤克意識形態理論研究》（北京：人民出版社，2009年），頁247。

性思考，於是在此書中，我們將探討歷史文化脈絡下的臺灣處境，重新詮釋某些事件，如慰安婦及灣生事件，筆者強調對事件的詮釋看法，勿落實在虛幻結構迴圈及暴力詮釋。這種事件詮釋涉及了思維，思維的主體互涉，自我身分價值的取捨，以及取捨後的主體化進程。我在誰？在文化歷史脈絡中，在處境當，我不斷探問，也就是說我越是如此驗證，越是不能中的說明我是的狀態，我在一陣逃離之後，在外之後，不斷受到死亡驅力迫使我消解自我，以至於朝向我本真的道路邁進，這是在廢墟當中，也就是殘餘物當中找到那生的可能性。

參考書目

Kristeva, Julia. Powers of Horror: An Essay On Abjection (1980). trans. by Leon S. Roudiez. New York: Columbia University Press, 1982。

Kristeva, Julia. *Nations Without Nationalism*. (1990) Trans. Leon S. Roudiez. New York: Columbia University Press, 1993

Kristeva, Julia. *New Maladies of the Soul*. (1993). Trans by Ross Guberman. New York: Columbia University Press, 1995,

Philip Goldstein.*The Palitics of Literary Theory:An Introduction to Marxist Criticsim*.Tallahassee: The Florida State University Press,1990,p.23.

劉紀蕙，〈文化主體的「賤斥」──論克莉絲蒂娃的語言中分裂主體與文化恐懼結構〉，出於《恐怖的力量》，臺北：桂冠出版社，2003年。

趙一凡，《西方文論稿續編──從盧卡奇到薩義德》，北京：三聯書店，2009年。

馬克思、恩格斯、列寧及史達林在《路德維希‧費爾巴哈和德國古典哲學的終結》（*Ludwig Feuerbach and the Outcome of Classical German Philosophy*），北京：人民出版社，1997年。

王曉路《西方馬克思主義文化批評研究》，北京：北京大學出版社，2012年。

德希達著，（Jacques Derrida），張正平譯，《他者的單語主義：起源的異肢》，桂冠出版，2000年出版。

德希達著，（Jacques Derrida），張正平譯，《他者的單語主義：起源的異肢》，桂冠出版，2000年出版。

蕭錦龍，《德希達的解構理論思想性質論》，北京：中國社會科學出版社，2004年。

費德希克‧格霍（Frédéric Gros），《傅柯考》，臺北：麥田出版社，2006年。

楊凱麟，〈自我去作品化：主體性與問題化場域的傅柯難題〉，載於黃瑞祺主編：《再見傅柯：福柯晚期思想研究》，杭州：浙江大學出版社，2008年。

德勒茲著，劉漢金譯，《哲學與權力的談判》（南京：譯林出版社，2012年）

德勒茲（Deleuze,Gilles.）著，《德勒茲論傅柯》，楊凱麟譯，臺北：麥田，2000年。

傅柯（Michel Foucault）著，洪維信譯《外邊思維》，臺北：行人出版社，2003年出版。

大衛‧麥克里蘭（David McLellan）著，施忠連譯，《意識形態》（*Ideology*），臺北：桂冠出版社，1991年。

齊澤克著，應奇、陳麗微、孟軍及李勇譯，《敏感的主體──政治本體論的缺席中心》（The Ticklish Subject-the Absent Centre of Political Ontology），江蘇人民出版社，民2006年。

齊澤克著，莊桂琴等譯，《易脆的絕對──基督教遺產為何值得奮鬥？》（*The Fragile Absolute:or Why is the Christian Legacy Worth Fighting for?*），南京：江蘇人民出版社，2004年。

齊澤克著，季廣茂譯，《意識形態的崇高客體》，北京：中央編譯出版社，2001年。

齊澤克等著，方杰譯，《圖繪意識形態》（*Mapping Ideology*）南京：南京大學出版社，2002年。

齊澤克著，萬毓澤譯，《神經質主體》，臺北：桂冠出版社，2004年。

齊澤克著，季廣茂譯，《實在界的面龐》（*The Grimaces of the Real*），北京：中央編譯出版社，2004年。

紀傑克著，蔡淑惠譯，《傾斜觀看──在大眾文化中遇見拉岡》（*Looking Awry: An Introduction ot Jacques Lacan Through Popular Culture*），臺北：桂冠出版社，2008年。

紀傑克著，朱立群譯，《幻見的瘟疫》（*The Plague of Fantasies*），臺北：桂冠出版社，2004年。

莫雷所著《穿越意識形態的幻象──齊澤克意識形態理論研究》，北京：中國社會科學出版社，2012年出版

韓振江著，《齊澤克：新馬克思主義批判哲學》北京：人民出版社，2014年

朱大成的〈摺疊反思與反思的自身：齊澤克文化和基督宗教理論中對絕對性的追尋〉，香港：《道風：基教教文化評論》2011年第34期。

楊慧林，〈「反向」的觀念與「反轉」的邏輯──對齊澤克「神學」的一種解讀〉，香港：《道風：基督教文化評論》2010年第32期

狄倫・伊凡斯（Dalyn Evans）著，劉紀蕙等譯，《拉岡精神分析辭彙》，臺北：巨流出版社，2009年。

吳瓊著《雅克・拉康：閱讀你的症狀》，中國人民大學出版社，2011年出版。

劉永皓著〈王家衛《墮落天使》中失語現象：失去的母語與多出的電影語言〉，出於《中外文學》，200607年出版（35：2期），國立臺大出版中心。

[印度]阿馬蒂亞・森（Amartya Sen）著，李風華、陳昌升、袁德良譯，《身分與「暴力」──命運的幻象》，北京：中國人民大學出版社，2012年。

波特萊爾（Charles Pierre Baudelaire），郭宏安譯，新雨出版，2014。

巴塔耶著（Bataille,G.），董澄波譯，《文學與惡》，北京：燕京出版社，2006年。

第二章　局內？或者局外？
——讀鄭清文的《局外人》

前言

　　穿越身分幻影，尋找越界正義可能性，我將由臺灣文學鄭清文先生《局外人》解讀開始。

　　鄭清文先生《局外人》，是很典型的鄉土文學小說代表，[1]裡面蘊意深遠，夾雜著對很濃的鄉愁及對文化傳統的反省。《局外人》，鄭清文選擇了他擅長的鄉土生活為出發，將裡面父子、母女、親人、情人等的複雜關係做了適切的說明。

　　《局外人》可說的是簡單的故事，然簡單之下有的是複雜的文化傳統，所以面對文化傳統，鄭清文藉由「局外人」來傳達不著痕跡的人生智慧，減少批判教條，淡然說出浮於現象上的事理。《局外人》裡面要說的是局內或者局外所發生的事，到底是什麼呢？《局外人》寫些什麼？又表達了些什麼？你是「局內人」或者「局外人」？你看到些什麼？

　　我首先先用現象學解讀鄭清文的《局外人》特色，其次再用《局外人》去看待鄉土文化傳統之下秀卿母親的「高貴靈魂的抉擇」解讀，強調她的使命背後是整個文化傳統的價值促成，想想究竟她的抉擇是「局內」還是「局外」的呢？接著再以「局外人」角度去說明在此文化傳統中悲劇命運的產生，最後期待讀鄭清文小說的觀眾，都能由「局外人」走向「局內人」。

---

[1]　鄭清文立足於他所熟悉的生活世界，將熟悉的生活世界藉由文筆方式給示現出來，留置給自己美好的空間回憶，他說到：「我的想法是寫自己已知道的事，該寫什麼就寫什麼，讓怎麼寫就怎麼寫……。」王文伶，〈靜裡尋真，樸處見美——訪鄭清文先生〉，收入於鄭清文：《鄭清文短篇小說全集別卷》（臺北：麥田出版社，1998年6月），頁160。

壹、用現象學方法解構《局外人》

一、回到《局外人》去看發生什麼事

　　鄭清文擅長不做判斷，而是純粹觀察，在現象學叫做「擱置」，這是一種直觀的、沉思的寫作風格。現象學所觀察的生活世界，所經驗的對象可以是情緒或者關係或者是組織或者說是文化（張汝倫，1997），而這正是鄭清文先生的專長，所以我們體現現象學方法，回到事物本身乃是回到鄭清文《局外人》作品本身，[2]去看看鄭清文先生所觀察的生活世界是什麼。

　　作者在作品中取消自己，作品告訴我們他是誰，這是他顯現一個世界的呼喚所做的回應，他說出了一個世界。我們本身為了描述作品，必須貼近作品去說明它是什麼，所以觀看作品是不可以少的功夫。但觀看作品前的準備又是什麼呢？你的生命體驗的歷程，這包含你所受到的所有影響你成為這個人或那個人最大的不同，也就是實質的生命內涵是什麼，你精神向度決定你閱讀的層級及境界。

　　閱讀層級是放在身、心、靈來看，好的作品通體舒暢，靈性得到提升，也產生愉悅感受，這得取決你是什麼樣的人。不同的人決定了自己欣賞的品味的不同，作品與作者只是一個面向，不能完全決定你所看到是什麼，還得由自身的生命體驗詮釋去說出你看到的是什麼。它是個對話交流過程，而不是斷句。

　　顯然地，鄭清文是很主觀去寫出他所看到的世界是什麼，這個部分我們也可以稱為是使用現象學的方式來說明自己與生活世界的關係互動。這種方法使得鄭清文的文章令人感到恬淡，甚至淡到不知道裡面的深意什麼：

　　　　「雖然鄭清文文章顯得淡得很多，但他卻擁有他們所沒有的溫柔敦
　　　　厚，同時也儘量降低文字和情節上的衝擊性；在題材處理上，他善用

---

[2]　鄭樹森編，《文學批評與現象學》（臺北：東大圖書公司，1991年），頁73-74。

尋常百姓的日常生活來傳達他的理念。」[3]

《局外人》是冰山理論的實現。所謂「冰山理論」，若用現象學的觀點說，在所有發生的現象事件描述中，不將個人主觀感受參雜其間，而讓觀眾直接去掌握現象當中的真實是什麼。所以從鄭清文的《局外人》可以明顯看出鄭氏風格，是以冷眼看待所有發生的一切現象，像是冰山一般，然而在冰山底下，很多澎湃的情緒及對文化傳統的堅持，可以說是溢於言表，在沉默之處總是多說了什麼。《局外人》可說得上是簡單的故事，然簡單之下有得是複雜的文化傳統。所以面對文化傳統，鄭清文藉由「局外人」來傳達不著痕跡的人生智慧，減少批判教條，淡然說出浮於現象上的事理。

> 「我比較不喜歡浮華的東西，……我寧願寫得『沉』一點，點到為止，不讓它『浮』起來，……寧可保守一點，含蓄一點。……我認為海明威說的那句話很有道理，他說：『冰山十分之九在水裡，只有十分之一在水上。』」[4]

以「局外人」這個象徵，讓人有無限想像空間，引領人沉浸在沉默的世界中，是那冰，一股無法言喻的力量本身。好一個「局外人」！一個「沉默的『鄉土書寫』者」。[5]

鄭清文的《局外人》，選擇了他擅長的鄉土生活為出發，將裡面父子、母女、親人、情人等複雜關係做了適切的說明，所有在關係當中的人都感同身受，彼此糾葛卻又無能為力的「悶」，鋪陳在故事當中。秀卿的母親為了突破這種關係鎖鍊的「悶」，去做了自以為可以拯救所有人的「悶」的事，卻發現自己陷入更大的「悶」的事件裡。死亡是不可復返的，原本她以為自

3　見林瑞明，〈描繪人性的觀察家——鄭清文的文字與風格〉，收入於林瑞明、陳萬益主編：《鄭清文集》（臺北：前衛出版社，1993年），頁344。

4　洪醒夫，〈誠實與含蓄的故事〉，收入於《龐大的影子》（臺北：爾雅出版社，1976年），這是海明威給他的影響——冰山理論。

5　許素蘭，〈發現鄭清文的臺灣小說〉，收入於《鄭清文短篇小說全集5》（臺北：麥田出版社，1998年6月），頁5。

己即將死亡的命運可以拯救他人的「悶」，然而卻陷入更大的「悶」當中，她多麼希望自己的「死」可以解決一切的「悶」，然事實卻帶領她無法如願去解決這個「悶」。

這個「悶」，鄭清文選用了《局外人》當作主敘述軸，他採用了第一人稱的方式來說明。蔡源煌在〈鄭清文的第一人稱小說〉說到：[6]第一人稱的用意，使得他從未認真地站在主角立場去設想整件事件的真正意義，到最後恍然大悟，事已逝，而人已遠。

然第一人稱手法，也讓我們不至於「悶」到不能將故事看完。《局外人》以第一人稱來說明整個事件，這種敘述手法，表示一種客觀有距離的觀看方式。這種客觀有距離的觀看方式讓我們為這整件事還原真相，現象即是本質描述的角度就揭示在我們面前。這「悶」是隸屬每個人心中深沉的底部的不可不承受之重，它關乎整個臺灣文化、倫理價值及家庭結構微妙的弔詭關係，是輕是重，並非《局外人》可以看得出來。

二、《局外人》的鄉土現象描寫

《局外人》所鋪陳的是簡單的故事，然而卻讓我們看到濃濃的臺灣味，特有的舊鎮農村家庭描寫，而農村家庭裡特有的大家庭所引發的人際關係、人情世故及情結糾葛，都在在讓我們不禁想到鄭清文鄉土文學的特色。回到事物本身，回到鄉土本身，作為鄉土文學，鄭清文想到的是：什麼足以代表「鄉土」文學？他沒有正面回答這個問題，他懸置這個判斷，不讓偏見帶領他走向敵對的一方；他的思考點是根植於他所生於斯、長於斯及成於斯的生命書寫模式來說明何謂「鄉土文學」。論爭有否止息，不知道，但是他不涉入，也不引發爭議及注意，反正讓自己純粹表現出該有的「鄉土文學」面貌。

鄭清文注意的是生活世界實質發生了什麼事。

---

[6]　見蔡源煌，〈鄭清文的第一人稱小說〉，收入於《文學的信念》（臺北：時報文化出版社，1983年）。

> 「文學寫作，牽涉到三個基本問題，寫什麼？如何寫？為什麼寫？用我自己的說法，文學是生活、藝術、思想。」[7]

　　鄭清文的文學素養是蘊含在自己的生活、藝術與思想裡，當中夾帶了大量想像，透過想像及挪移方式，將生命體驗的真與虛構事件的假，同行置入，所以真穿插在假當中，真假當中，他已達到他認可的「鄉土文學」應是什麼，也設法讓這元素對象呈現出來；在讀者本身閱讀經驗中，也分享到了歷歷寫實傳神的文章營造的似真處境，更能分享到作者本身傳達的鄉土氣味。

　　比方他在描寫傳統合院建築時，將建築的可能的人情糾葛也烘托了出來。這個故事《局外人》，局外人不能進去的話，整個所營造出來的臺灣特有的家庭倫理背景及文化氛圍，是可能迷路，因為對家庭文化的不瞭解，只按照常理判斷，而忽略深厚的濃情密意，而妄自做出自以為是的判斷，很容易掉入局外人的簡單的判斷。透過《局外人》將你的不懂表現在對人的理解上，也表現在對建築的理解上，也表現在文化的理解上。

> 「由於一種誤導，使我一直以為所有的殺人，都具有罪與惡的動機。」[8]
> 「我是不該有這種懷疑的。她的做人，她的言行，都不准我這樣。她對上恭順，對下慈愛，何況又是秀卿的母親，而且我也想不出她有殺人的理由。警察說，殺人必須有動機：為財、為情、為仇。這些動機，對秀卿的母親都無法適用。」[9]

　　而這也是現象學所要傳達的真實感，直觀即是本質顯現，我們透過鄭清文的眼，說明了《局外人》所犯的錯，乃是誤植自己的判斷，將高貴的人性，以粗俗方式來做出解讀，這樣解讀使得文化被膚淺解讀，也使得文學作

7　鄭清文，《多情與嚴法》（臺北：玉山社，2000年10月），頁7。
8　林瑞明、陳萬益主編：《鄭清文集》（前衛出版社，1993年），頁251。
9　林瑞明、陳萬益主編：《鄭清文集》（臺北：前衛出版社，1993年），頁244。

品內涵被膚淺解讀。

　　文學在寫些什麼呢？就在寫生活。鄭清文告訴我們生活是什麼，亦即你與生活世界所有互動的種種。「生活世界」（Lebenswelt）是二十世紀德國哲學家胡塞爾（Edmund Husserl）晚期哲學命題，它指的是人們具體經驗的周遭世界，他認為這世界不需理性客觀真理化，它是活生生我們直接經驗到的周遭世界。而在舒茨的生活世界，我群關係是行動主體理解同時代人與前人世界的基礎。「純粹我群關係是被經歷過的」（Schütz,1967:170）舒茨的世界是充滿能動主體間性的日常生活世界。

　　對鄭清文來講就是所有發生於此的種種事項，種種事項不斷喚起自己在生於斯、長於斯的所見所聞。

> 「文學的可貴，在於真與實。人民和土地，是文學的根本。『鄉土文學』不但寫出人民的生活，也寫出人民的感情。臺灣文學，選擇了鄉土的路，是站在穩固的基礎上，寫出了臺灣人民的心聲和真實。臺灣文學有重大的進展，就是懂得由『鄉土文學』出發。」[10]

　　鄉土味十足的《局外人》的內容是現象吧！也是本質吧！是描述吧！也是真相吧！

貳、《局外人》的抉擇——局內或局外？

一、「局外人」所看到局外現象

　　《局外人》的主述者，就是「局外人」，他除了一直誤解秀卿的母親外，也誤解了整個傳統文化給予女性的角色定位，更誤解她為傳統文化對感情所應背負的責任。我們不否認「局外人」的客觀真相呈現，以他所誤解的事件詮釋意義選擇他所要的人生，然而事件詮釋意義總有延異的隱藏層次，

---

[10]　鄭清文，〈臺灣鄉土文學〉，收入於氏著《多情與嚴法》（臺北：玉山社，2000年10月），頁69。

這是世俗價值所無法涵蓋的部分，最後「局外人」恍然大悟整個事件的真相時，所有人生抉擇不能重來那種「局外人」的悶，彷彿在在說明了「局外人」應該轉向「局內人」。

> 「一個高貴的人，應該有一顆高貴的心，應該具有高貴的動機。」[11]
> 「卑俗的人，是無法領會高貴的心的。」[12]

「局內人」能理解文化傳統中「高貴的抉擇」——秀卿母親為何會做此抉擇。「局內人」無關乎地域問題，為何這樣說呢？「局內人」的代表是指「秀卿」，「局內人」秀卿最後與教書的夫婿遷居海外，「局內人」在地域上是海外人士，然而文化傳統的歸屬卻是深刻正港的「局內人」——臺灣人。

基於血濃於水的感情牽繫，她的良知傾向同情親生母親所做出的抉擇，她最後知道這樣的殺人動機出於深深的愛，在關係脈胳中深深的愛；她體會到母親誓死做出護衛文化傳統的「高貴靈魂」的犧牲的那種愛，動機是高貴的，非為情、財與仇而殺人，而是為了無法有人替秀卿的母親的二嫂送終那種文化傳統的「痛」來殺人。高貴的殺人動機，作者是「局外人」，他並不懂，然而不表示他從頭到尾都不懂。

《局外人》所揭示的是臺灣文化之下所蘊含的臺灣人特有性格，秀卿的母親是受到傳統薰陶的代表人物，賢良柔順，認分知命，在群體中消失了自我，她母親所成就的價值乃是以群體背後的文化傳統為考量。所以若你不認同傳統文化，則你會產生極大的困擾——秀卿的母親為何要如此做呢？當傳統孝道文化價值高過一切時，你又能理解群體當中個人抉擇的為難處，你才能恍然大悟說：「哦！我瞭解了！」

你真的是「局內人」的理解嗎？還是你又只是「局外人」？《局外人》代表的是家務事的「局外人」，家務事的「局外人」，外人不能插手；感情「局外人」，外人也不能插手。「局外人」啊！「局外人」啊！你始終不能

11　林瑞明、陳萬益主編：《鄭清文集》（臺北：前衛出版社，1993年），頁251。
12　林瑞明、陳萬益主編：《鄭清文集》（臺北：前衛出版社，1993年），頁253。

插手任何一件事。這比喻好比是說：若你是文化的「局外人」，那你始終不能瞭解秀卿母親的選擇為何是如此，也因為不瞭解，所以他與秀卿走向了決裂之路。

> 「到了這時候，我決心離開秀卿。開始，我只想我不願意見到她的母親。因為她母親不但不想見我，而且怕見我。而我，雖然不怕她，卻怕見到她。」[13]
>
> 「但我還是決心離開秀卿。秀卿太像她的母親。脾氣、外表，甚至連聲音都有點像。我看到她，就想到她母親。當時，老實說，我對她的感情，並不是對一個殺人者女兒的那種感情。她使我想起她母親，想起她母親的問題。這些問題一直在我心中翻滾，使我無法平靜。」[14]

對鄭清文來說，《局外人》雖是一個典型小人物故事，但是它的深層含義是提醒著我們屬於那年代特有的文化傳統。當然，文化不能斷代，面對文化斷代會有失根的痛苦。「局外人」讓我們往裡面看到文化傳統的可貴，「局外人」不能理會深積厚蓄的文化傳統力量，必須讓我們親眼目睹那種的文化傳統「高貴靈魂」，那是屬於臺灣文化特有的「高貴靈魂」。

走筆至此，我可以感受到鄭清文的時代使命。對鄭清文來說，寫作是什麼？就是你觀看世界的角度。鄭清文是以自己熟悉面向去抒寫自己的文章故事，他寫的環境背景並沒有超過自己的認知以外，而且他也相當自豪自己所認知的環境足以代表臺灣本土文化現象。

面對海洋島民殖民性格而言，鄭清文面對「文化」傳統的流逝，他不想要成為只是那個「悶」，「悶」也得做做什麼吧。面對「文化的悶」，你的思維是什麼呢？或許是不斷寫出臺灣的故事、特有的風土民情來緬懷文化傳統的紮實感吧！

---

[13]　林瑞明、陳萬益主編：《鄭清文集》（臺北：前衛出版社，1993年），頁246。
[14]　林瑞明、陳萬益主編：《鄭清文集》（臺北：前衛出版社，1993年），頁247。

二、「局外人」來看秀卿的母親抉擇

　　文化傳統中，秀卿的母親執守著無人會為二嬸婆「送終」的事擔心，她深切關懷無人送終的這件事，基於深深的愛意，她決定先殺了二嬸婆來盡自己最後使命，然而她沒想到的是一切是醫生誤判，「自己不會馬上死」成了良心苛責與懲罰，終其一生她都不快樂，因著這個「誤判」，她決定了自己不快樂的人生，她的使命沒盡到，也糟蹋她的一生賢良的形象，所有動機都是出於「成全送終」這件事。

> 　　「秀卿的母親可以活下去了。秀卿的全家都歡天喜地，而我也再在秀卿的臉上找回春天。但奇怪的事是，秀卿的母親卻好像比以往更加消沉，甚至於更加痛苦。她一個人，經常深鎖眉頭，經常把自關在房間裡，默默飲泣，除了跑去二嬸婆靈前跪拜以外，連吃飯也不出來。」[15]

　　秀卿母親可以感覺到這「送終」使命感驅使得她做出非人的抉擇，這動機乃非由私欲自我，而是文化傳統的驅使。如今看來，秀卿的母親是死於「臺灣文化傳統」影響下高貴人格成全「送終」這件事的動機，假設沒有「誤判」，這個「送終」使命的急迫性並不會馬上發生，但就是因為「誤判」才迫使「送終」這件事必須在她有限生命中完成，也因此促使這場錯誤。

　　秀卿的母親完成使命了嗎？並沒有啊！表面上完成了使命但成就了人生的意義的失敗。她被自己的使命感打敗了。

　　何謂秀卿的母親的使命呢？她的使命即是盡孝道，在自己過世之前完成二嬸婆送終遺命。使命是什麼呢？當代神學家潘能柏格說到：

> 　　「在其行為對世界的開放性中，人們已經處於實現自己的使命的途程

---

[15]　林瑞明、陳萬益主編：《鄭清文集》（臺北：前衛出版社，1993年），頁243。

之中。……人必須自己決定，他要把自己的時間以及在某些情況下把
自己的生命投入到什麼樣的目的之中。他必須在世界上全面地辨明方
位，……關於自己的使命的問題，使他無法在暫時性的回答中得到
安寧，並推動他繼續尋找。……人之為人，也就是處於實現自己的使
命。」[16]

　　秀卿的母親，是想要在生命盡頭完成自己的使命——送終這件事，這是
她孝道的最終實現，無論如何，她都得完成，她感到自己使命驅使她必須做
出抉擇，縱使違反人性，她也對於這種抉擇，非常快樂期待它的發生。
　　然而事情不能如願！她對於這種結果非常悲傷，以至於後半輩子，她活
在罪與罰當中。

　　「秀卿的母親如果先二嬸婆而去，將來誰來為她送終？……所以在她
　　還有能力做這一件事之前，她必須做這一件事。誰會想到她竟沒有
　　死？預期死而不死，不但不能慶喜，反而導致更大的悲哀。」[17]

　　秀卿母親的抉擇導致她的使命的失敗，在陰錯陽差之下，完全走偏了她
的使命，她成了最不孝的那個需要被苛責的人，是運也？命也？從此她也走
向了人生的「局外人」！
　　在某些角度而言，二嬸婆也是「局外人」，而這裡所說的「局外人」也
可以說是文化傳統的失根者，或者說是精神流浪漢。她的丈夫、兒子及媳
婦，都因為她的所做所為不合乎文化傳統，而與她疏離，這種疏離是代表著
說她是在家庭中「被遺忘的人」。也就是說，二嬸婆在家庭關係失序，因為
她不合乎文化傳統，在夫妻、母子、婆媳當中導致自己被遺忘，因著自己所
做所為，她就是一個被遺忘的人，孤獨地流浪在家的邊緣。只有秀卿的母親
沒有遺忘她，將她從困境中救出；在此，秀卿的母親可以說是拯救者，所以

---

[16] 見潘能伯格著，李秋零、田薇譯，《人是什麼——從神學看當代人類學》（香港：道風林基督教
　　叢林，1994年），頁72。
[17] 林瑞明、陳萬益主編：《鄭清文集》（臺北：前衛出版社，1993年），頁252。

「送終」這件事就會顯得格外重要，無論對二嬸婆或秀卿的母親而言。

> 「她對秀卿的母親最好。就是這樣，她也沒有對秀卿的母親，提起
> 過有關她的寶物的事，她逢人便說，秀卿的母親是世界上最孝順的
> 女人，不知比自己的媳婦好多少千倍，並經常說一些吉利的話來祝福
> 她。她對別人說，她百年以後，要秀卿的母親替她換壽衣，送她上
> 山。自從上次她掉進茅廁以後，就說要秀卿的母親替她換壽衣，不要
> 自己媳婦去碰她。」[18]

在死前「送終」對於秀卿的母親來說，這是基於人格及文化傳統的高貴靈魂的抉擇，她想要自己在死前對二嬸婆的承諾來完成這項使命，而這使命可以終結二嬸婆的「局外人」命運。

參、《局外人》現象當中所顯現的悲劇本身

鄭清文的小說常隱含著悲劇的來源。[19]

他的作品充斥著許多悲劇英雄，不落入苛責，是他對人性敦厚。比方說《局外人》的「局外人」面對可能殺人事件，不揭發也不拆穿，然所留置龐大的反省空間，在秀卿的母親自我懺悔中可以看到。又比方說，秀卿只是問「局外人」說：「你要因為這事離開我嗎？」「局外人」沒有特別著墨什麼，秀卿也沒有咆哮叫罵。

人間世事的是非對錯，有時不留情面妄自批判者，可能比沉默者更會造成遺憾，鄭清文先生冷靜看著所有的是非對錯，這悲劇的發生處。

> 「他所布下的陷阱就在平凡冷靜外表，但那裡面卻躲藏著使人欲哭無

---

[18] 林瑞明、陳萬益主編：《鄭清文集》（臺北：前衛出版社，1993年），頁232。
[19] 陳垣三，〈追尋──論鄭清文的文體〉，收入於林瑞明、陳萬益主編：《鄭清文集》（臺北：前衛出版社，1993年），頁321。

淚、捶胸頓足的許多複雜的人生釀成的悲劇。」[20]

淡淡哀憐與愁緒穿進在其中，使得人生存處境的困境敞開在眼前，如他說的話可以看出：

> 「我覺得人本來就是一種悲劇角色，……我寫悲劇，並不在暴露，不在渲染，而是對內心的感觸。由於我對人本身的悲劇性的認識，有時我也會自問是否有什麼自救之道。……也許不斷地生長，便是一種自善之路吧。」[21]

鄭清文看到文化衰弱所導致的悲劇，然而也有在文化傳統桎梏所導致的悲劇。這兩種悲劇鄭清文同時看到了，也在《局外人》當中暗暗表現出來了。

一、第一類型悲劇是文化悲劇的「局外人」說故事者

第一種悲劇是這樣的：文化悲劇是指目睹文化衰弱引發的痛，不解文化的美即是文化衰弱的象徵，文化悲劇是「局內人」所應避免的，所以後來秀卿邀請「局外人」去她母親喪禮看看。我想以鄭清文一介文人目睹世代交替，走過大半輩子，他在意的是為逝去的文化傳統留下註腳，使得所有新世代的孩子都能透過他的小說來回味文化傳統之美。鄭清文謹守文化之美，他的文人的使命在於使文化不「悶」，解「悶」才不會苦痛，其用心可以從鄭清文《局外人》看出端倪。

這類型的代表人物是第一人稱敘述者，也就是《局外人》說故事者，說故事永遠是局外人，但他責任是要成為局內人，這是兩相矛盾悲劇產生之因。

當然，最後說故事者，體會到秀卿母親的抉擇時，意味著他瞭解抉擇背

---

[20] 洪醒夫，〈誠實與含蓄的故事〉，收入於《龐大的影子》（臺北：爾雅出版社，1976年）。

[21] 洪醒夫，〈誠實與含蓄的故事〉，收入於《龐大的影子》（臺北：爾雅出版社，1976年）。

後的深厚的文化傳統使命，這種瞭解的認同，使他恍然大悟，過去的誤解所造成的錯誤。

比方在鄭清文所描寫的家是複雜的，家其實就是典型的文化傳統代表，家的結構很複雜，有如在傳統文化中互動的人際關係一樣，也很複雜。這種對於「家」現象描寫表現在建築上，鄭清文的《局外人》花了大量時間以「局外人」介入描述，又不斷在字裡行間進行論斷及推敲。

所有建築都在關於家的種種是是非非，盤根錯節，非「局外人」所能論斷。所有關於文化傳統是是非非，盤根錯節，也非「局外人」所能懂，他是如此描述建築的：

> 「秀卿的家，在舊鎮也算是相當奇特的。……但秀卿的家，入口和一般的家一樣，是一丈八的店面，但走進前落到了一個天井，就往三方向展開，形成一個深宅大院，也就是說，占了好幾家分的後院。……過了天井，就可以看到通往三個方向的門階，從這三道門階進去，就是蜂窩般迷宮，有些相連，有些隔開，構成一座複雜的大宅院。……我去找秀卿，在開始時，經常走錯路。」[22]

鄭清文極力想要藉由家的結構說明家庭倫理當中人際愛恨情仇的複雜層面，《局外人》中，「局外人」又怎麼能弄得懂呢？描述的內容又怎麼能弄得懂呢？所以鄭清文在字裡行間說明了家的建築結構常使他迷路。不是只有他而已，連警察也是。

> 「警方也想把各房子之間的牆壁和天井做更徹底的檢查，但是和我初到那裡去時一樣，經常弄錯方向，走錯房間。」[23]

鄭清文先生所要藉由《局外人》表達的是，本土人士對自己文化的認同，應在不同文化差異，新與舊的交替當中去理解、溝通與對話，避免文化

---

[22] 林瑞明、陳萬益主編：《鄭清文集》（臺北：前衛出版社，1993年），頁231。

[23] 林瑞明、陳萬益主編：《鄭清文集》（臺北：前衛出版社，1993年），頁240。

衰弱悲劇是文人應思維的方向。如以下所言：

> 「凡一種文化正值衰落之時，為此文化所化之人，必感到苦痛，其表
> 現此文化之程量愈宏，則其所受之苦痛亦愈甚，迨既達極深之度，殆
> 非出於自殺無以求一己之心安而義盡也。」[24]

　　作者認為「局外人」，代表是文化的失根，是種精神的流浪漢，更是空洞的臺灣魂，這是最為可悲的。秀卿母親抉擇背後所牽扯的不是單純的個人情、財、仇而已，而是整個文化傳統導致她做此抉擇。

　　剛開始，「局外人」不懂，到最後「局外人」也反轉成為「局內人」，這種反轉代表的是一種溝通、理解與詮釋整個文化傳統的深層意涵。「局內人」的傳統文化需要被理解、詮釋與對話，所以秀卿伸出友誼之手請「局外人」作者去看她母親，這代表對秀卿母親的抉擇重新審視，在文化傳統之下秀卿的母親究竟想要什麼。「局外人」在自己臺灣這塊土地上，終於理解、瞭解了秀卿母親的殺人動機，是那種特有臺灣文化傳統的「高貴抉擇」。

　　「局外人」在故事當中不斷去做反思，這代表著文化傳統要有創造的詮釋才行。透過文化認同，將自己融入追尋文化的原型，將會有大量的想像力，而非被動刻板去瞭解，認為殺人只是情、財與仇的可能性罷了。透過在臺灣本土的「局外人」慢慢揭示答案，它代表著傳統去創造解構新文化的內涵，這是未來的文化的希望，交融需要對話。

二、第二類型的悲劇：劇中人的悲劇

　　文化傳統桎梏所造成的「局外人」的悲劇，此乃是指文化傳統所導致的悲劇，乃是一種執守臺灣家庭文化價值，深厚感情關係脈絡當中，而決定犧牲清譽、生命去維持的傳統所造成的悲劇，而秀卿的母親成就了這《局外人》中悲劇的一面。

---

[24] 此乃是指陳寅恪先生說到王國維為何自殺的痛苦，參見金耀基，《中國的現代轉向》（香港：牛津大學出版社，2004年），頁244。

　　母親，指在《局外人》中秀卿的母親及二嬸婆。在父系社會中的母性經驗往往讓人在孤絕沮喪中忘記了自我，而成就某些文化傳統的價值，女人注定沒有自己認同，而在這在傳統文化根深柢固的家當中，更顯出女性常因為愛而鎩羽斷翼，而這也是身為男性的「局外人」所無法懂得的。[25]

　　秀卿的母親有種使命感，促使她去完成她所認為的生命的意義，而這生命意義與文化傳統、社會意識、家庭價值等息息相關。我堅信秀卿母親出於非自我考量，而是一種不捨及使命感去完成「送終」這件事，她好比是安樂死所說的慈悲殺人這件事。然殺人這事件，真正慈悲嗎？或者這個使命是真正有意義的嗎？

　　文化傳統有時帶給人們更多的盲點，讓人看不見真正人生意義或真理是什麼。秀卿的母親是看不到這個文化傳統的盲點，這不就是一種文化傳統桎梏的悲劇嗎？

　　當然我們不會膚淺地看見「局外人」的簡單判斷，認為秀卿母親犯了殺人罪，一定是出於卑劣的動機，但是我們也不全然同意最後局外人所言的：秀卿母親殺人乃是出於「高貴靈魂的抉擇」。孰是孰非，只能說人生境界常使我們陷入魔考當中，我們很難去苛責當事者，因為我們是「局外人」，而非「局內人」。嘆一聲，「悶」啊！

　　《局外人》注定是個悲劇，秀卿的母親是個悲劇的人物，就連「局外人」作者也是。是也不是，不是也是，秀卿的母親因執著於「送終」文化傳統而產生悲劇，而「局外人」因為不懂背負文化傳統的秀卿母親而斷送情感所產生的悲劇，這悲劇使人產生了「悶」。

　　我讀《局外人》格外有種悲劇的感受，這感受使我覺得與鄭清文文章有了超越時空的神思接觸。原來很多時候，我們在追求成全的自善時，聖與俗的交戰使我們成了「局外人」，我們極力釐清答案是什麼時，很多時候都已是「局外人」，不是嗎？

---

[25]　見張小虹，〈叛離母親的詩人：安竺・瑞琪〉，收入於《後現代／女人——權力力、欲望與性別表演〉）（臺北：聯合文學出版社，2006年8月），頁188-191。

總結

　　悲劇有時提醒著我們自善之路，這自善之路對鄭清文來講，便是從故事當中得到救贖。《局外人》提醒著我們努力做「局內人」，從「局外人」走向「局內人」。成為那自善的「局內人」，人生才不會有所遺憾。「局內人」有著濃厚的本土關懷，裡頭更透顯著對人性高貴道德情操的讚揚。

　　看鄭清文的小說是雲淡風清的，然而也顯示出他特有的文人之溫柔敦厚。他對人、事、物的看法是寬容的，不特意批判，只在現象當中呈現，這就是臺灣社會文化特有的形態，也是臺灣人性格。

　　鄭清文的生活世界提供了沃土，[26]有人是這麼說他的：

> 「他適切地描繪了正在逝去的時代裡臺灣人性格……。鄭清文兩百多篇小說，散布在四十年的漫長歲月，他有足夠的時間觀察、思考、選擇、構想，寫出一篇篇頗有代表臺灣風土的小說。」[27]

　　究竟臺灣人的性格為何呢？對本土認同，不是局外人可以輕易理解，《局外人》輕浮理解的「悶」是鄭清文要去避免的，「悶」在你不是臺灣人、不是臺灣魂、不是臺灣這個特有文化家庭所孕育出來的價值觀，所以你無法參與、投入，以至於你是精神上的異鄉人。

　　臺灣人性格是什麼呢？問起這個性格，就得講起臺灣文化的特色。

　　臺灣人強調孝道，孝道乃是特有人倫之基礎。孔子所講忠恕即是仁，仁者，乃是人也。「仁者，人也」，所以臺灣文化強調二人之間的關係，立基於群體生活，這群體生活包括父子、夫婦、長幼等。農村生活最容易表現傳統，鄭清文在文化遞嬗當中，臺灣邁入全球現代化裡，我想他會有著一種

---

[26] 鄭清文，〈偶然與必然——文學的形成〉，出自於《鄭清文短篇小說全集別卷》（臺北：麥田出版社，1998年6月），頁1-18。

[27] 齊邦媛，〈新莊、舊鎮、大冰河——鄭清文短篇小說和臺灣的百年滄桑〉，收入鄭清文《鄭清文短篇小說全集1》（臺北：麥田出版社，1998年6月），頁160。

濃濃的「鄉愁」，這是對過去及傳統的懷念與回歸，其中最要緊的就是文化。[28]

　　文化研究著重於現代社會當中「被遺忘」的人，[29]「局外人」可能是被「遺忘」的人，也可能是文化的「異鄉人」，當他反思到這點時，他也想到了「局外人」，也許是必然發生的。

　　隨著傳統化與現代化，物換星移，鄭清文希望透過《局外人》，讓我們反思，回到鄉土，回到文化傳統裡，讓我們時時懷念，時時想念，那是臺灣人堅忍的味道，也是不容被忽略的高貴的文化靈魂。

　　知道臺灣人性格，知道整個故事導引的反思，那麼自然就不「悶」，濃濃的「鄉愁」伴我們成長，在忽略年代中，被隱隱提及，那是屬於臺灣特有的鄉土文化傳統，讓我們不要成為那「局外人」。

　　透過鄭清文的《局外人》理解與詮釋之後，讓我們一起共勉成為「局內人」吧！

---

[28] Roland Roberston, 'After Nostalgia? Wilful Nostalgia and the Phases of Globalization', in Bryan S. Turner, ed., *Theories of Modernity and Post-Modernity*(London:Sage Publications,1990),pp.45-61.

[29] 因為性別、種族與階級等而被遺忘的人。

參考書目

王文伶著，〈靜裡尋真，樸處見美——訪鄭清文先生〉，收入於鄭清文：《鄭清文短篇小說全集別卷》，臺北：麥田出版社，1998年6月。

鄭樹森編，《文學批評與現象學》，臺北：東大圖書公司，1991年。

林瑞明著，〈描繪人性的觀察家——鄭清文的文字與風格〉，收入於林瑞明、陳萬益主編：《鄭清文集》，臺北：前衛出版社，1993年。

陳垣三，〈追尋——論鄭清文的文體〉，收入於林瑞明、陳萬益主編：《鄭清文集》，臺北：前衛出版社，1993年。

洪醒夫著，〈誠實與含蓄的故事〉，收入於《龐大的影子》，臺北：爾雅出版社，1976年。

許素蘭著，〈發現鄭清文的臺灣小說〉，收入於《鄭清文短篇小說全集5》，臺北：麥田出版社，1998年6月。

蔡源煌著，〈鄭清文的第一人稱小說〉，收入於《文學的信念》，臺北：時報文化出版社，1983年。

鄭清文，《多情與嚴法》，臺北：玉山社，2000年10月。

鄭清文，〈臺灣鄉土文學〉，收入於《多情與嚴法》，臺北：玉山社，2000年10月。

鄭清文，〈偶然與必然——文學的形成〉，出自於《鄭清文短篇小說全集別卷》，臺北：麥田出版社，1998年6月。

潘能伯格著，李秋零、田薇譯，《人是什麼——從神學看當代人類學》，香港：道風林基督教叢林，1994年。

金耀基，《中國的現代轉向》，香港：牛津大學出版社，2004年。

張小虹著，〈叛離母親的詩人：安竺·瑞琪〉，收入其所著《後現代／女人——權力、欲望與性別表演》，臺北：聯合文學出版社，2006年8月。

齊邦媛，〈新莊、舊鎮、大冰河——鄭清文短篇小說和臺灣的百年滄桑〉，收入鄭清文《鄭清文短篇小說全集1》，臺北：麥田出版社，1998年6月。

第三章　臺灣主體性的探討
——一場關於文化與哲學的探究

前言

　　我們都說臺灣有主體性，問題是主體性內涵什麼呢？當我們宣稱有主體性時，是否是另一層次證明著臺灣沒有主體性呢？否則為何要特別去宣揚這件事呢？我們不會特別聽到有美國主體性、法國主體性，或者日本主體性等等，因為沒有才會特別去提到臺灣主體性。臺灣主體性既然被強調，那麼它的實值內涵有無變化呢？或者我們去問：現今臺灣主體性是什麼呢？今天面臨流動及不確定世代裡，主體性的建構是多元與歧異的對話，這樣的歷史進展在今日來看是眾聲喧譁，不同派系、性別、信仰、階層、意識形態來自於四面八方，我們怎樣達到一種對話與共識，成了民主社會中進步的表徵。若沒有對話與共識，則繼續陷入爭論裡，而無法形成有效平臺，這樣耗損都形成臺灣生命政治的斲傷。無論是誰主政，顯然若不解決這些問題，達到一種和諧的平衡，那麼這些問題將繼續糾葛下去，而這些都要從解釋、詮釋臺灣是否有主體性開始，或者說明著臺灣的主體性該是什麼樣態開始。

關鍵字：主體性、身分認同、共同體、身分認同悖論、同一與差異、流動身分認同、主體際性交流

壹、主體性與身分認同

一、臺灣主體性與身分認同

　　臺灣主體性與說明自我、同一性與文化研究是息息相關的，臺灣主體性也說明著臺灣身分認同。早期關懷臺灣的人，都會強調臺灣主體性，到底他們是如何說明看待的呢？強調臺灣主體的人反對以中國為主體的思考來主宰臺灣未來，早期推動關心臺灣國家定位的朱孟庠說到：以中國為主體思考方式孕育了一個個飄流的遊魂，一個個在時空座標軸找不到自我的冥靈，沒有族群及歷史文化生命延續的感受，失去了土地、族群的聯繫。[1]早期臺灣文學有鄉土意識到臺灣意識的轉換，葉石濤在〈臺灣鄉土文學史導論〉提到了：

> 「必須有堅強的臺灣意識，才能瞭解社會現實，才能成為民眾真實的代表人。唯有具備這種臺灣意識，作家的創作活動才能紮實於社會的現實環境裡，得以正確地重視社會內部的矛盾，透視民眾性靈的悲喜劇。」[2]

　　早期臺灣文學論戰有人太過重視意識形態，某一部分我不認同，因為必須有臺灣意識是沒有錯，但若將意識的主體強烈堅持只能是一個固定身分，我是不認同的。這種說法可以延伸到文化來看，根植於本地在文化現象學是共識，而如何以此身分認同朝向未來而不至於在全球化潮流中迷航，將是本文思維的方向。

　　若在此潮流裡缺乏身分認同，結果，是在時空座標軸上找不到自己的定位，這也就是海德格所講的存在感消失，原本應該出席的缺席，這樣的感受

---

[1]　朱孟庠，《認同與記憶──朱孟庠圖文集》（臺北：禾雅文化出版社，1998年），頁11-12。

[2]　引自葉玉靜主編：《臺灣美術中的臺灣意識──前九十年代臺灣美術論戰選集》（臺北：雄獅出版社，1994年），頁182。原文刊於施敏輝（即陳芳明）編《臺灣意識論戰選集》（前衛出版社，1984年），頁213。

帶來了虛無。

　　李筱峰稱許這樣的認同意識，說到：

> 「文化發展與創新，主要靠每個族群每個人在自己土地上的生活與體
> 驗努力去完成，形成集體性或區域性文化精神，在自主與自發的思考
> 下，不被剝削、壓制，由多元並存而相互尊重，進而能逐漸瞭解、關
> 懷命運共同體，凝聚共同的意識，才能完成國家建造之途，這是一個
> 由下而上的凝合與尊重，並回歸於土地的認同，絕非一元中心宰制系
> 統。」[3]

　　非一元中心宰制系統代表臺灣將擺脫中國為主體的思考方式，或者是以
日本為主體的思考方式，或者是殖民文化下的主體思考方式，或者是回歸祖
國為中心的思考方式，臺灣問題將成為如何在多元族群之下，成為彼此之間
互為主體的思考方式，而這是全球性的重大議題的連結。也就是說，在全球
化之下，人們如何將封閉的自我轉化為開放的自我，而不至於失去自我的特
性，能夠有效地連結在地化與邁向多元與尊重的超越自我的全球化運動中。

　　換句話說，當我們去問臺灣主體性是什麼時，我們以新眼光賦予一種可
能性，希望能夠擺脫壓制，不受控於某意識形態之下，而能關懷在此時此刻
生存的所有主體，認同自己的在地性，並且走向主體際性的整合，相互尊
重，瞭解關懷生於斯、長於斯並在全球移動中進入臺灣的所有人，使之融入
而未有違和感。

　　臺灣主體性研究其實就穿插在身分認同研究上面，關乎臺灣文化身分為
何，臺灣主體認同何種身分，而這認同是否有同一，或者這認同本身本來就
由歧異開始，而這樣的提問本身也連結其他跨領域的連結，並以哲學批判省
思來詮釋之。總而言之，針對身分研究是伴隨自我研究漸趨深化的，可以展
現在同一性、主體性及文化身分研究上，總體上是以哲學關懷貫穿始終，連
結了心理學、社會學到文化政治學，在後現代及全球化潮流之下，這些問題

---

[3]　引自李筱峰為朱孟庠作序的文字，〈尋找平等平衡的文化生機〉，見朱孟庠所著《認同與記
　　憶——朱孟庠圖文集》（臺北：禾雅文化出版社，1998年），頁11-12。

越來越重要。二十世紀身分認同問題成了一個理論議題。[4]

　　所以當我們問臺灣主體了沒，或者臺灣具有主體性嗎？我們且由當代的身分認同議題著手切入。

二、身分認同重要性

> 「十九世紀末期的心理學家認為，並沒有一個純粹、固定或演進的自我，而是有兩個，一個是真實的自我，一個是虛假的自我。虛假的自我是個體適應並內化傳統習俗、角色，以及社會生活期望而形成的自我。與之相反的則是真實的、自然的、真正的自我。對於每個人來說，要成為真正的、真實的自我，就需要忘記虛假的自我。而要成一個真正的自我，一個人就要應當盡量保持一種非建構或解中心的狀態。解中心的自我，簡而言之，就是要規避任何特定情形對自我的束縛。……而要做到這一切，一個人首先必須是一個遺忘者，避免把自己禁錮在單一的固定身分束縛中。」[5]

　　處在後現代當中，屬於後殖民的臺灣人，意欲成為一個真正的、真實的自我，而忘記一個內化傳統習俗、角色以及社會生活期待值形構的自我，強調去除單一框架的說法，避免將自己束縛在固定身分裡。換句話說，臺灣人認可的生命應是自如的，且符合內在理想的期待值，不是將外在期待值框架在生命之上，而形成一個真正紮實的主體。這主體解放了外在的框架的控訴，也就是一個解中心的自我，而這樣的自我必須是一個遺忘者。所謂的遺忘，是忘記單一束縛的身分固我。

　　如何忘記單一身分固我的束縛而形構出與現階段人民思維息息相關的臺灣自我身分認同，將是未來臺灣生命政治的走向。因為在與所有割離之後，

---

[4]　引自趙靜蓉，《文化記憶與身分認同》（北京：生活・讀書・新知三聯書店，2015年11月），頁12-13。

[5]　[美]大衛・格羅斯，〈逝去的時間：論晚期現代文化中心的記憶與遺忘〉，載於陶東風、周憲主編：《文化研究》第11輯（北京：社會科學文獻出版社，2011年），頁46。

要挺出的生命本身仍要考量其實存感。在後太陽花運動之後，普遍的青年意識覺醒，臺灣政治現狀陷於藍綠鬥爭內耗，以至於無法前進，正意味著臺灣主體性應由身分認同思維思考，將所有跨世代的身分認同與矛盾糾葛透過思考辯證方式，予以建立。也就是說，如何建立臺灣自我身分認同，將是建立臺灣生命政治的可能性，這種歸根與連結的生命共同體感受格外重要，在臺灣生命政治的基礎上特別重要。

簡單而言，有了身分認同，才能進一步建構出臺灣休戚與共的生命共同體，套句英國社會學家佐克・揚的話說：

> 「正是因為共同體瓦解了，所以身分認同才被創造出來。」[6]

佐克・揚所說的正是說明身分認同乃是填補了共同體的缺無感。身分認同之所以重要乃是因為它是共同體的替代品，也就是自然家園的替代品，身分認同是可以提供安全感與歸屬感的東西，所以齊格蒙特・鮑曼說到：

> 「它的引人關注和引起的激情，歸功於它是共同體的一個替代品：是那個所謂自然家園的替代品，或是那個不管外面颳的風有多麼寒冷，但待在裡面都感覺溫暖的圈子的替代品。」[7]

身分認同的重要性，適足以說明著臺灣主體性無法完成身分認同，而這身分認同的缺無感讓人無所適從，甚至使人感到無所依歸。特別是面對全球化與流動的生活世界，臺灣主體性如何讓人認同，它的實質內涵是什麼？或者如何建主一個豁然大度的主體，又能并然有序的民主國家，將是臺灣生命政治的機要核心發展辯證。

豁然大度而又并然有序之間其實也存在著身分認同的悖論。所謂悖論，便是在現代社會裡，要求追求差異，但在面對全球化及流動社會裡達到動態

6　此段說法間引自[英]齊格蒙特・鮑曼著，歐陽景根譯，《共同體》（上海：三聯書店，2003年），頁13。

7　[英]齊格蒙特・鮑曼著，歐陽景根譯，《共同體》（上海：三聯書店，2003年），頁13。

的平衡，是要將這樣的差異給弭平，在生命政治機要核心發展辯證也是如此，要談這樣悖論本身得先由身分與認同談起。

三、何謂身分認同

由字源來看身分認同：identity源於拉丁文identitãs和古法文identité，受晚期拉丁文essentitãs影響。它由表示同一的詞根idem構成，這一術語表述了同一（sameness）、相似（likeness）和整一（oneness）概念。[8]

身分認同與同一、相似與整一概念是一致的，因此所謂身分認同Identity的基本含義就是指「在物質、成分、特質和屬性上存有的同一性質或狀態，絕對或本質同一」，[9]身分認同也就是存有的同一性質或狀態或絕對或本質同一。

我們所言的身分認同，意味著身分與認同是同一詞，誠如趙靜蓉所言：

> 「身分與認同為同一個詞，本義都是同一性，亦即由與我相關的各種因素所構我的整體與我人心對自身的界定是相符的，或者說在社會生活中成為我的過程與我對理想的期待是正相關的。」[10]

從個人來看，identity這詞是埃里克森在二十世紀三十年代根植於美國移民所做的研究認同與認同危機，而在1950年《童年與社會》做了一系列闡述，[11]這與臺灣早期心理界與哲學界翻譯為「同一性」或「自我同一性」相同。

所謂「個人自我同一性」或者說「自我認同感」，是種熟悉自我，知道自己將如何生活感覺，也就是埃里克森以為這種個人自我同一性：

---

[8]　David b.Guralnik,ed.,*Webster's New World Dictionary of the American Language*, New York and Cleveland:The World Publishing Company, 1972.

[9]　王曉路等，《文化批評關鍵詞研究》（北京：北京大學出版社，2007年），頁278。

[10]　趙靜蓉，《文化記憶與身分認同》（北京：生活‧讀書‧新知三聯書店，2015年11月），頁212。

[11]　[美]夸梅‧安東尼‧阿皮爾著，張容南譯，《認同倫理學》（南京：譯林出版社，2013年），頁93注釋。

　　「是一種自然增長的信心，即相信自己保持內在一致性和連續性的能
　　力。這種信心是與他對別人保持的一致性和連續性相協調的。」[12]

　　它包含著四部分：
　　（一）自我意識。
　　（二）對個人性格連續性潛意識的追求。
　　（三）對個人以往身分及自我形象的綜合感。
　　（四）對未來理想職業嚮往及作為社會成員的意識，也就是個人同一性
　　　　　及集體同一性的一致。[13]
　　所以它是自我對自己的認同與承認，讓性格發展有著連續性和統一性，
並且與生活世界達到平衡與自覺。
　　在生活世界的個人是趨向同一性或者說是集體的一致，在平衡與自覺當
中達到連續性與統一性，也就是個人與他人之間，達到一種生命共同體同舟
共濟的感受，這樣的自我生命與共同體的生命產生相應的認同感。身分認同
所產生的同一性或者是集體的一致，是可以達到一種自然增長的信心，即
相信自己保持內在一致性和連續性的能力。這種信心是與他對別人保持的
一致性和連續性相協調的，誠如埃里克森所言。這裡我想是臺灣生命政治
核心的機要部分，換言之，他人與個體如何達到團結一致，他與我之間能
夠有著一致性和連續性，以共同達到某些目標，並產生愉悅感，是很重要
的生命政治任務，也是臺灣當前政府應思維的方向，如何能夠使生活在此
島嶼的人們有著自然增長的信心，並讓他們有所依歸，建立安全感，而這
也是心的家園所在。

---

[12] [德]埃里克森，〈同一性與同一性擴散〉，收入於莫雷主編：《20世紀心理學名家名著》（廣
州：廣東高等教育出版社，2002年），頁797。
[13] 孫名之，〈埃里克森的自我同一性述評〉，載於《湖南師範學院學報（哲學社科版）》1984年第
4期。

貳、身分認同悖論、焦慮以及如何有深度歸屬

一、同一與差異的悖論

自我同一性或者身分認同，如何成為多元並濟的身分認同，我想便是解決身分與認同當中同一與差異的悖論問題，這悖論誠如趙靜蓉所指出：[14]

（一）第一種悖論

要求做自己，與他的差異化，其實就是去同質化，也就是去霸權化，追求差異身分認同著促使邊緣價值被重視，然而大多數人並不認同此身分，因此趨同的身分認同意味著：差異的弱勢一方消失。也就是說差異要求做自己，與眾不同當中做自己，但我們身分認同如此便會變得脆弱不堪，群體與個人之間的身分認同，中間的此消彼長悖論如何平衡呢？

（二）第二種悖論

趙靜蓉舉鮑曼[15]的例子說到，在群體當中成為一個體，沒有選擇，意味著與其他人一樣，唯一一個能使你成為與眾不同的成就個體的行為，就是矛盾地不要成為個體。接著他又舉了波德里亞的《消費社會》例子說明：

> 「無論怎麼進行自我區分，實際上都是向某種範例趨同，都是通過對某種抽象範例、某種時尚組合形象的參照來確認自己的身分，並因而放棄了那只會偶而出現在與他人及世界的具體對立關係中的一切真實差別和獨特性，……壟斷與差異在邏輯上是無法兼容的。它們之所以共存，恰恰是因為差異並不是真正的差異。」[16]

---

[14] 趙靜蓉，《文化記憶與身分認同》（北京：生活・讀書・新知三聯書店，2015年11月），頁32-35。

[15] [英]齊格蒙特・鮑曼著，徐朝友譯，《流動的生活・序言》（南京：江蘇人民出版社，2012年），頁17。

[16] [法]波德里亞著，劉成富、全志綱譯，《消費社會》（南京：南京大學出版社，2000年），頁82-83。

　　這種身分認同的悖論出現在同一與差異辯證上，而且並不容易去解決與面對。趙靜蓉的兩項悖論說明著個體的自由選擇與群體之間的趨同性有著根本根源的矛盾。如何做自己？與眾不同的自己？但身分認同卻會消滅自己的身分，如何在做自己與不做自己之間達到平衡呢？另外趨同乃是放棄自我，沒有選擇，因此雖然我們要身分認同，但是又不被允許成為個體，不能成為認同的絆腳石：差異。

　　兩者的身分認同悖論在在說明了根本不能有身分認同，因為它代表放棄差異，更代表著個體消失於集體認同之中，我不可能活得出殊異中的我來，然而身分認同又是要求我必須認同我的存在，這樣的出席又缺席的身分認同會讓人心思錯亂。誠如鮑曼所言：

> 「作為一種個體解放與自我肯定的行為，個性似乎背負著一個與生俱來的難題：一個無法解決的矛盾。它要求社會同時既做自己的搖籃又做自己命運終點。……個性是由個體組成社會為其成員確立的一項的任務──確立為一種個體的任務，由個體去完成，由個體利用他們的個體資源去完成。可是，這一任務是自相矛盾的，是自我牴觸的：實際上，是無法完成的。」[17]

　　在後現代的語境裡，由於同一與差異的裂縫中，產生了身分認同無法弭平的問題，身分成了危機，認同也成了焦慮，主體或自我也越來越迷離，誠如趙靜蓉所言：

> 「如果說認同焦慮，那就意味著我的事實與我對自身的界定不符，我不能遵從理想化的原則成為我。筆者以為，從本質上看，這種對我之身分歸屬認同焦慮無疑是一個現代性事件，是一種現代症候。」[18]

---

[17] [英]齊格蒙特・鮑曼著，徐朝友譯，《流動的生活・序言》（南京：江蘇人民出版社，2012年），頁20。

[18] 趙靜蓉，《文化記憶與身分認同》（北京：生活・讀書・新知三聯書店，2015年11月），頁212。

身分認同焦慮顯然成為現代性事件，而在臺灣更是，在後殖民全球化的流動社會裡，臺灣的主體性成了臺灣的希冀追求的答案。臺灣除了去除中國主體之外，去除了單一身分禁錮，又能夠是呈現什麼樣的主體際性呢？我所關心的是臺灣主體性建構必然激起全民的熱情，有深度地過每一分鐘。

二、身分認同的悖論問題

身分認同本來是讓每個人成為是其所是，可是這個「是」有可能排擠到其他的成員的「是」時，那麼就成為一個悖論問題，我們可以這樣轉化問題，也就是「成為個體與趨同他人」如何去做拿捏，這便是臺灣生命政治的技術層面。這裡並不準備討論這個問題的解決，我們只是透過這問題本身去探討身分認同之間的建構自我與壓抑自我的悖論問題：如何融合自我與分離自我呢？

筆者以為任何人都需要有安全感與歸屬感，鮑曼認為這是為何身分認同流行之因，而每個個體則是想要論證自我在一個群體中的位置與價值，通過認同，我與他人意識到這個獨特、唯一且不可取代的我。

群體的身分認同如何在自我同一性上，包容多元差異的群體不同的聲音呢？這問題可以說是，在流動時代當中，身分認同如何在差異當中，且經由差異來建構自我同一性的過程，讓所有人在群體身分認同上感到溫暖且有家園的感受。這個問題放在臺灣，便是臺灣主體性的重新思考再定位。換言之，臺灣的這個我，是如何的我？這個自我同一性如何兼容並蓄他者的聲音，而不至於只是一言堂式自我封閉，自絕於島嶼之外，或者說是自宮成為臺灣自我絕對意識，絕對身分認同以至於無差異性。顯然在大開大闔之間，臺灣的身分認同成為一個關注的焦點，這個問題來自於臺灣人民對臺灣的定位。到目前為止，臺灣人還未有真正有共識，以至於到目前為止，我們都還在這議題談論。這個問題已經不只在去單一固定框架的討論上了，而是更深層去建立延續臺灣生命政治的動力論，在此氛圍下該怎麼樣去說明臺灣身分認同問題，或者在多元角力爭論之下該如何達到深層共識，以至於不再陷入衝突內鬥，而阻礙了臺灣生命政治的熱情。

三、因著悖論而產生的認同焦慮

臺灣生命政治在於解決身分認同深層焦慮的現代事件，使真實的我與虛假的我之間縫隙弭平，我們可以認同，甚或讚許理想共同體的打造，而邁向和解共生的共融群體，而不至於產生臺灣集體歇斯底里狀態，我與自己陌生，我與世界陌生，我被迫講兩面的話語，再也不信任他人，馴服某些話語，卻不聽從自己內在聲音，漸漸麻木，再也無法有熱情。這也是鮑曼[19]所言流動世代、流動的生活所產生的流動的恐懼。這是時代的悲劇，也是時代的考驗。

誠如趙靜蓉所言：

> 「作為一種現代症候的認同焦慮首要地和主要地表現為：我與世界關係被陌生化了。個人無法找到在集體生活中的歸屬感，從而導致認同無法完成。由此帶來的，是我與他人之間關係的破裂。自我主動自覺地與他者疏離，主動拋棄作為自我認同之對照物的他者，因此造成信任感的喪失和認同的焦慮。更為甚者，是自我在服從集體審查的前提下，把我認同成他者。這個他者不是富有個性和能動性的那個一個，不是理想化的自我，而是以嚴格的政治標準或社會規則為參照而被集體打造出來的共同的、規範的或正確的個體形象，是一種被集體要求預先期待、嚴格設置、不容置疑的個體形象。」[20]

在虛假臺灣主體的引領之下，理想共同體成了暴力的意識形態框架，使人徹底物化在制度所提供歸屬與安穩的享受裡。我們成了被閹聲的馴養群體。甚至產生集體精神分裂，以各種無意識病徵顯現出來，主體所設想的共同體是否會成為一種幻見的瘟疫呢？我們是否也成為不得不說話，而昧著良知，說著我們也不信的語言呢？抑或者，我們積極拚命瘋狂說話，極其妖魔

---

[19] 趙靜蓉，《文化記憶與身分認同》（北京：生活・讀書・新知三聯書店，2015年11月），頁193。
[20] 趙靜蓉，《文化記憶與身分認同》（北京：生活・讀書・新知三聯書店，2015年11月），頁212。

化對方以至於無和解的可能性呢？顯然在此島嶼的人民正承受爭論擴大，這些都有害於臺灣生命政治的成形，這樣的拉扯預期將繼續下去，將無助於臺灣生命政治發展。

為了不讓我與世界陌生化，找到歸屬感，不至於與他人疏離與關係破滅，我們必須建立信任感，而信任感便是在對話與溝通裡找到理想歸趨，進而化解干戈為玉帛，這個集體形象不是勉強被迫，而是出於內在感情與外在形象漸趨於一，沒有暴力，只有嚮往；沒有分裂，達到同一的感受；沒有撕裂，達到自我深處；更沒有虛假，達到真實的面容。因此臺灣人必須由自我身分認同尋找開始。

四、去除單一固我的束縛

也就是說，臺灣人的自我身分認同為何？這樣的身分認同首先排除了單一固定的我的束縛，不再只是中國化、原住民化、東南亞化、日本化或者西方化，臺灣身為主體我的存在，我擺脫了單一固定的我束縛後，如何獲得一種生命熱情，這是臺灣生命政治最重要的走向。換句話說，我如何使島上居民保有一種熱愛，對自己的歸屬感如何維持，因此如何保持有品質的深度便是努力方向，如杜夫海納的說法：

> 「有深度，就是把自己放在某一方位，使自己的整個存在都有感覺，使自身集中起來並介入進去。……有深度，就是不願成為物，永遠外在於自身，被分散和肢解於時間的流逝之中。有深度，就是變得能有一種內心生活，把自己聚集在自己，獲得一種內心感情。」[21]

深度是精神層面的意識概念，是自我的同一性，裡頭含有對時間、空間、生存的體驗的認同。這內在體驗，有了深度，與自我他者之間碰撞，達到和諧，不斷反觀到主客未分的世界裡，進行調整及建構。

---

[21] [法]米・杜夫海納著，韓樹站譯，《審美經驗現象學》下（北京：文化藝術出版社，1996年）。

　　有深度的努力方向，是對整個存在有感，當然杜夫海納的說法是以個人角度出發，使自己不物化，並且在流逝當中，把握一種內心感情，投注生命熱情的火花，以便發光發亮。以此觀點來看，臺灣人如何在世界亮起來，讓臺灣人內心對臺灣有著澎湃情感，不再流離失所，有著家園感受，不被全球資本化之後，成為物化的地方，那便是值得思考的方向，而這都圍繞著身分認同出發。

　　過去身分認同迷失，即使生活繁華，內心卻冷漠不安，時空與自我隔離，沒有任何紮實存在感，這樣也難以投入有熱情的共同體營造裡，如此導致異鄉的狀態，而無法安身立命。生在這塊土地，認同臺灣是天經地義的事，我們必須重新對彼此、這塊土地以及國家建構足夠可以溝通共融的平臺，以弭平差異的焦慮感。然而這樣的悖論可能存在著一言堂的暴力，不得不察也。不過至少我們可以肯定的是，不要成為浮游離子，也就是「存在實感的消失」，誠如早期關懷臺灣問題的李丁讚說到：

> 「在時間的面向上，人與過去分離，傳統變成只是一套客體化的存在，對人不再釋放出任何意義。在空間的面向上，人與他的土地、社群失去了有機聯帶；人對其周圍發生事事物物不再關懷，甚至失去感覺。在這種時間與空間分離狀態下，人變成飄浮在半空中的浮離子，既沒有定位和方向，也沒有目的和意義，那雙腳踩在土地上，自由自在穿在時間和歷史洪流中所產生的豐富而又紮實的感覺喪失了，這就是所謂『存在實感的消失』。」[22]

參、流動世代中的臺灣如何建構身分認同

　　早期關懷臺灣主體大抵上都是以浮離子來說明自己景況，然而這些在流動世代裡，包括虛擬世界的探討裡已成為一個已然的事實：流動性。

---

[22] 李丁讚，〈社區雜誌、社區認同和存在實感〉，初載於新竹：《新竹風》創刊號，收入於葉玉靜主編：《臺灣美術中的臺灣意識——前九十年代臺灣美術論戰選集》（臺北：雄獅出版社，1994年），頁183。。

一、流動世代的臺灣景象

英國社會學家齊格蒙特‧鮑曼2000年以一系列流動為主題來說明這階段，這階段有五個特徵解釋來解釋流動性：[23]

（一）社會形態：不再是固定了。

（二）權力運作方式：權力及政治親密即將解散了，權力解放到全球空間裡，而政治乃限於地方。

（三）共同體：共同體力量正在削減中，個體缺乏歸屬感與安全感。

（四）社會結構：穩定社會結構正在消失，人生活方式傾向片段、當下及反應性的。

（五）個體全面解放，為己負責，承諾與忠誠轉為人生策略與生活方式的適切性考量。

這是個流動時代，資本的全球的自由流動導致了個體自決生活，需要被具流動及擴張欲望所拋棄及取代，因為選擇的過量而痛苦，[24]所謂流動性所產生的問題，是在過去被規定、約束、劃界，使我們的依賴感與歸屬感當中的生活模式裡找出我們是誰。但在流動世代裡，赤裸剝去固態的生活模式，在不斷開始、結束、變化，繼而又不斷開始的時代和生活環境中，很難在歷史與社會人生座標軸裡找到一個自我定位，這種流動生活是令人不安的煩惱。[25]

臺灣是處在流動時代裡，這世代除了資本全球化所帶來的流動外，在不同殖民（資本主義的殖民、領導政權的殖民、西方文化的殖民）現象當中，臺灣的身分認同也一直處在流動狀態裡。生活世界被殖民的狀態下的臺灣人，如何在非固定社會形態下、權力不再集權化而傾向式微底下，走出一條有深度，且深深認同的臺灣生命政治呢？或者說在過去封閉的共同體瓦解之

---

[23] [英]齊格蒙特‧鮑曼著，谷蕾、武媛媛譯，《流動的時代‧序言》（南京：江蘇人民出版社，2012年），頁1-5。

[24] [英]齊格蒙特‧鮑曼著，歐陽景根譯，《流動的現代性》（上海：三聯書店，2002年），頁115、97。

[25] [英]齊格蒙特‧鮑曼著，徐朝友譯，《流動的生活‧序言》（南京：江蘇人民出版社，2012年），頁2。

後，如何重新想像一個集體身分認同呢？這樣的社會結構該如何兼容並蓄，以至於我們當下即是，在片段之中尋找那永恆呢？每個自由獨立思考的個體，在獲得極大的決斷選擇空間的同時，又如何能夠培養一種自我負責的承諾與忠誠感呢？

二、在流動的社會下，建立流動的身分認同

身處在這樣的流動世代裡，時代特徵是流動性，那麼認同焦慮該如何轉化呢？

> 「在歷史上沒有任何一個時代像當前這樣，人對於自身如此困惑不解。」[26]

在臺灣似乎充斥著沒有完全被認同，且處在身分不被認同的異鄉人，那麼在臺灣，這樣的地土所建構矛盾的無意義的空間裡，許多流浪於此的異鄉人充滿著困惑，特別是用單一固定框架來裁化所有的身分丈量，因此瓦塞爾曼在《我作為德國人和猶太人的一生》中說到：

> 「沒有認為我是他的同胞，也沒有任何群體這麼認為；與我有血脈相承的人，以及我渴望加入其行列的人，都不這麼認為；與我同種的人，以及我所選中的人，也不這麼認為。因為，最終我決定做出選擇；我已經做出了選擇。這是我內在的命運（destiny），而不是一種使我脫離舊圈子的自由選擇。然而，這個新圈子既沒有接收我，更沒有接受我。」[27]

瓦塞爾曼他以自身經驗說出了自己的困惑，他做出了命運的抉擇，然而

---

[26] 轉引自劉小楓，《現代性社會理論緒論》（上海：上海三聯書店，1998年），頁19。

[27] 瓦塞爾曼，《我作為德國人和猶太人的一生》，頁46-47。間引自[英]齊格蒙特・鮑曼著，周憲、許鈞譯，《現代性與矛盾性》（北京：商務印書館，2003年），頁177。

這抉擇本身並未使他有歸屬，使他繼續流浪。他在圈子裡或圈子外，無論他有沒有做出選擇，這新與舊時代推移裡卻充滿了身分尷尬，既是也不是，再也沒有歸屬與認同。

似乎我們硬塞入這樣的框架裡並未使我們更加歸屬或被認同，更多的是被羞辱，而這樣的例子讓我們反省到單一身分認同所帶來的暴力態度，由對待者所持有。若要建立臺灣生命政治的可能性，那麼就必須建立流動且多元的身分認同，這樣才能讓所有在臺灣短暫或長期生活的人有真正歸屬與依戀感，在身分同一有深度的彼此相依存，而在弱勢對待上，能夠還原其所是，而不致與自己、他人陌生。

因此布埃爾·布爾迪厄談到：

> 「現代社會不是由相互層疊、邊界清晰的群體構成，而是由同時具有多角色、多參照標的個體組成。根據社會條件和歷史情境，他們根據自身個體或集體的以往經歷來選擇參照和身分同的不同形式，……現代社會建立人們的流動之上，建立在他們忠誠或背叛的多元性之上，建立在他們身分的多元性之上。」[28]

不同參照點，也造成了身分不同形式，這樣的身分是流動的多元認同。沒有單一身分認同的本質論，所以身分認同是透過多元對話而形構瞭解的，而這是以流動的方式進行的。另一方面來說，當固著於某身分認同上，可能產生集體的幻想暴力，這點在現代多角色及多參照標的不同個體中所產生的衝突尤為清晰，而且這種身分認同其實解決之道便是：身分認同只能是動態的，是種流動的身分認同觀，必須連續不斷確立邊界、修正範圍乃至於重新界定邊界來朝向自我同一性的確認，這與記憶的本質相同。現代的進程所導致的後果在於人類的矛盾和分裂，我們希望保留生命印跡，在這個變動不居的社會進程上，在個體生命的連續及完整性的記憶上，跳脫自我主體的事件或世界，清醒審查自我，而獲得一種流動身分認同。

---

[28] [法]阿爾弗雷德·格羅塞著，王鯤譯，《身分認同的困境·第二版序言》（北京：社會科學文獻出版社，2010年），頁3。

三、臺灣主體性必然是主體際性的交流

　　身分認同的流動，也意味著記憶其實也是流動過程，這過程說明著臺灣主體性微妙變化，臺灣單一主體的強調已走向主體際性交流與溝通的強調，而這議題本身是這新世代此有在生活世界裡，關於自我認知的核心氛圍處境。

　　雖然記憶並不完全開放與分散，也總有些框架存在，但這些記憶並不全然只是死的知識本身，它有著身分指向，關於自身。誠如德國學者揚・阿斯曼說到：

> 「記憶是一個開放的系統。但它並不是一個完全開放和分散的系統，總有一些框架在個體、代際、政治和文化的層面上將記憶和某些特別的時間視界與身分視界聯繫在一起。如果這些聯繫不存在，那我們處理的與其說是記憶還不如說是知識，記憶是一種有著身分指向的知識，是一種關於其自身的知識。」[29]

　　趙靜蓉以為在這些框架裡，我們要注意到兩個部分：一是身體記憶，以身體體驗為內核，以世界作為他者構成整體；另一個是主體間性的交互作用，身分認同必在自我與他者之間達到共識。[30]

　　作為一個臺灣人或者假想自己是臺灣人，生長於臺灣這塊島嶼，或者夢繫臺灣人關於臺灣身體記憶本身，我們與世界他者互動交流，共同形塑我與他人之間的共識。所以臺灣的主體性只能是主體際性交流與溝通，而不能只是單一主體的固著。換句話說，沒有單一身分認同，而是流動的身分認同。

　　趙靜蓉整理了夸梅・安東尼・阿皮爾說法，而在《文化記憶與身分認同》說到，由歷時與共時性來看待身分認同引領方向：

---

[29] Aleida Assmann and Sebastian Conrad eds., *Memory in a Global Age: Discourses, Practices and Trajectories*, London & New York: Palgrave Macmillan, 2010, p.123.

[30] 趙靜蓉，《文化記憶與身分認同》（北京：生活・讀書・新知三聯書店，2015年11月），頁73。

（一）由歷時性來看身分認同

由歷時性看來是個體歷史過去、現在及未來作用於這過程中，身體性及感知世界方式是認同的核心。[31]換言之，一個人要自由發展必須要努力觀察、推論及判斷、做出決定並且堅持所做的決定，來完成自己對未來的規劃與設計的個體創造。[32]筆者以為歷時性較是個體生命史學，如何感知世界、觀察、推論、判斷並且決定自己的未來命運，這些都與身分的引領走向有關。

（二）由共時性來看身分認同

而共時性層面看來，身分認同是社會建構過程，不存在本真的本性，而是造一種歷史給定物質條件社會中的生活，這認同乃是夸梅・安東尼・阿皮爾所言：

> 「總是通過你的宗教、社會、學校、國家提供給你的概念得以闡述，並且這些概念通過家庭、同輩和朋友得以調整。」[33]

身分認同沒有本真的本性，是通過許多網絡關係的社會建構，在相互依存之下，彼此互動交流成了主體際性的身分認同，也讓自己投入參與此共同體，也就是如夸梅・安東尼・阿皮爾所說的不是固定的，是不斷調整的，而且這樣的講法方式也強調在社會互動網絡中，相互依存且變化的個性，所以自我認同存在於查爾斯・泰勒所講的「對話網絡」之中。[34]

換句話說，自我認同不是單一個體說話，它是在「對話網絡」中形成共

---

[31] 趙靜蓉，《文化記憶與身分認同》（北京：生活・讀書・新知三聯書店，2015年11月），頁20。

[32] [美]夸梅・安東尼・阿皮爾著，張容南譯，《認同倫理學》（南京：譯林出版社，2013年），頁15-17。

[33] [美]夸梅・安東尼・阿皮爾著，張容南譯，《認同倫理學》（南京：譯林出版社，2013年），頁36。

[34] [加拿大]查爾斯・泰勒著，戴震等譯，《自我根源：現同認同的形成》（南京：譯林出版社，2001年），頁50。

同體，這共同體不是不食人間煙火的想像共同體，這具體共同體是構築了主體際性交流的平臺，個體與共同體要在此達到和解，和解在互動關係中達到一種共在，是內在交互性，使其是其所是，這樣交互理解不是外在的，是內在於自我意識的主體性自我結構，在交往互惠下形成與他人的倫理生活，這是正面的認同倫理。

實踐層面而言，若能認同於土地，認識臺灣歷史，更在時空座標軸上走出自己的位置限制，也受到臺灣的情感呼召，真誠懇切與別人交談溝通，才不會成為飄浮的游離子，更進一步找出定位及方向，如此奮鬥，臺灣生命政治才有了目的與意義存在，每個人感受那紮實的存在感，否則便是虛無，而且自我認同迷失。換句話說，身為臺灣人必須很驕傲地建構自己身分認同，並以身體感受紮根這島嶼的經驗，與世界對話、互動且交流，並且讓社會與歷史、時間與空間融合，才能讓這些生命體驗有意義，才有真正安身立命，也才能有積極正面的臺灣主體性意識交流的認同。

總結

前面說到共同體瓦解才會談到身分認同問題，而身分認同最怕產生身分單一固著，由於無法產生集體固著於單一身分內，因此集體意識焦慮會隱藏在集體潛意識裡，於是我們可能產生想像的共同體以解決此一焦慮的可能性，或者在同一性的假認同下產生隱微的精神分裂以符合身分需求。這些都是由可能性的意識形態暴力中出走，拒絕對話或交流很難產生共識，若我們只固著於某一身分的認同的話。當我們說到臺灣有主體性，意味著我們想要去打破僵局，去提升臺灣生命政治的活力。因為若在身分認同上無法建立歧異的弭平，或者去談到任何對話的可能性，那麼生命本身便充滿許多的矛盾與衝突。我們若問現今臺灣主體性是什麼呢？今天這篇並非全能全知地給予答案，但面對的態度是重要的。在流動及不確定世代裡，主體性的建構是多元與歧異的對話，這樣的歷史進展在今日來看是眾聲喧譁，不同派系、性別、信仰、階層、意識形態來自於四面八方，我們怎樣達到一種對話與共識，成了民主社會中進步的表徵。若沒有對話與共識，則繼續陷入爭論裡，

而無法形成有效平臺，這樣的耗損都形成臺灣生命政治的斲傷。無論是誰主政，顯然若不解決這些問題，達到一種和諧的平衡，那麼這些問題將繼續糾葛下去，而這些都要從解釋詮釋臺灣是否有主體性開始，或說明著臺灣的主體性該是什麼樣態開始。

參考書目

David b.Guralnik,ed.,*Webster's New World Dictionary of the American Language*, New York and Cleveland:The World Publishing Company, 1972.

Aleida Assmann and Sebastian Conrad eds., *Memory in a Global Age: Discourses, Practices and Trajectories*, London & New York: Palgrave Macmillan, 2010.

劉小楓，《現代性社會理論緒論》，上海：上海三聯書店，1998年。

施敏輝（即陳芳明）編《臺灣意識論戰選集》，前衛出版社，1984年。

趙靜蓉，《文化記憶與身分認同》，北京：生活・讀書・新知三聯書店，2015年。

李筱峰著，〈尋找平等平衡的文化生機〉，出自於朱孟庠，《認同與記憶——朱孟庠圖文集》，臺北：禾雅文化出版社，1998年。

葉玉靜主編：《臺灣美術中的臺灣意識——前九十年代臺灣美術論戰選集》，臺北：雄獅出版社，1994年。

李丁讚，〈社區雜誌、社區認同和存在實感〉，初載於新竹：《新竹風》創刊號，收入於葉玉靜主編：《臺灣美術中的臺灣意識——前九十年代臺灣美術論戰選集》，臺北：雄獅出版社，1994年。

孫名之，〈埃里克森的自我同一性述評〉，載於《湖南師範學院學報（哲學社科版）》1984年第4期。

王曉路等，《文化批評關鍵詞研究》，北京：北京大學出版社，2007年。

[法]米・杜夫海納著，韓樹站譯，《審美經驗現象學》下，北京：文化藝術出版社，1996年。

[美]夸梅・安東尼・阿皮爾著，張容南譯，《認同倫理學》，南京：譯林出版社，2013年。

[德]埃里克森，〈同一性與同一性擴散〉，收入於莫雷主編：《20世紀心理學名家名著》，廣州：廣東高等教育出版社，2002年。

[法]波德里亞著，劉成富、全志綱譯，《消費社會》南京：南京大學出版社，2000年。

[英]齊格蒙特・鮑曼著，徐朝友譯，《流動的生活・序言》，南京：江蘇人民出版社，2012年。

[英]齊格蒙特・鮑曼著，歐陽景根譯，《共同體》，上海：三聯書店，2003年。

瓦塞爾曼，《我作為德國人和猶太人的一生》，間引自[英]齊格蒙特・鮑曼著，周憲、許鈞譯，《現代性與矛盾性》，北京：商務印書館，2003年。

[美]大衛・格羅斯，〈逝去的時間：論晚期現代文化中心的記憶與遺忘〉，載於陶東風、周憲主編：《文化研究》第11輯，北京：社會科學文獻出版社，2011年。

[法]阿爾弗雷德・格羅塞著，王鯤譯，《身分認同的困境・第二版序言》，北京：社會科學文獻出版社，2010年。

[美]夸梅・安東尼・阿皮爾著，張容南譯，《認同倫理學》，南京：譯林出版社，2013。

第四章　臺灣文學中「主體際性」的建構 ──以李喬的《寒夜三部曲》為例[1]

前言

　　本文將由李喬的《寒流三部曲》出發，以「主體際性」概念說明李喬小說中「主體際性」的建構為何。從一部臺灣人的歷史小說，也是李喬的生命歷史小說，它代表著李喬先生的境界修養論，也代表著臺灣人的生命歷史詮釋。

壹、由「主體際性」出發

　　首先，「主體際性」並非取消主體性，讓主體亡失。提出「主體際性」，更好說是涵蓋了主體關係網絡，並非更優於「主體」，「主體際性」特色乃是容納異己、容許差異存在，使得主體不再隔閡自我與他人，讓彼此溝通、交融與肯認呈現和諧狀態。當我們提及「臺灣本土性」或說是「臺灣主體性」，事實上並不排斥「臺灣主體際性」建構，而這「主體際性」建構，也代表著李喬生命歷史小說、境界修養，我們由他的小說出發去說明他如何搭起主體與主體的「橋樑」──「主體際性」建構。

一、何謂「主體際性」

　　要瞭解「主體際性」建構，讓我們回到何謂「主體性」。「主體性」重視，源自於笛卡兒的哲學，然傾向於獨我論，與人產生疏離與隔絕。而「主

1　本文發表於第十四屆臺灣文學牛津獎暨李喬文學學術研討會。

體際性」則源自於胡塞爾的現象學，「主體際性」強調不同主體間可以溝通、交流與對談，他預設人可以彼此神祕地到他的主體內在體驗，另外可以藉由語言方式溝通，其次是人的存有是共同存有（Mit sien），早已是溝通存有，是「共在」[2]關係，誠如海德格所言，因此我們以可以藉此瞭解別人生命底蘊，因此高達美以為可以藉由對話本身來達到主體際性之間互相交流與溝通。[3]

　　根據上面所言，我們可以說「主體際性」是建構在此有與生活世界共為一體的「生命共同體」，我與他人是生命共同體，我與自然也是生命共同體，臺灣與臺灣人是生命共同體，讀者與作者也是生命共同體等，這共為一體的生命共同體，使我們相依相存，產生密不可分的「主體際性」關係脈絡，使我安身立命在其中，彼此相濡以沫，人的存有與生活世界彼此共在的「共同體感受」使我們拋棄自我，真誠關懷「他」，這樣自我與他者彼此肯認，不再有主體／客體、內容／形式、心靈／物質、讀者／作者等對立二分，而是多元兼容並蓄，分享溝通的新視野，這視野不再受限於種族、語言、血統、國族、性別上差異，而是超越昇華的生命新境界，是形上神聖的融合之境界。

　　由「認識自我」到存在主義、心理分析，馬克思主義、結構主義、解構主義與後現代主義之後主體哲學城堡已形同廢墟（沈清松，1996：6），當我們說明「主體際性」似乎可以消解主體哲學廢墟，而成為春天的花園，李喬如何透過這春天的花園──《寒夜三部曲》去建構「主體際性」的呢？

　　「主體際性」在李喬看來是由「心」出發，去除隔絕，去除偽裝，將不同主體性隔閡去除，達到共同生命體的感受，自然是「自己就是『他們』，他們就是『自己』」，他們指的是「他者」，「主體際性」所建構的生命共同體驗，讓「自我宛若他者」，這種「自我宛若他者」成就了傳統與現代、過去與未來、種族與種族、文化與文化間的溝通與交流，一種存在整體感受。誠如李喬先生藉由明基先生在面對漢奸時，懷疑自己該用什麼樣心情對待時，他在小說中所言的：

---

[2]　海德格的「共在」（Mit-sein）是指我與他者之存在。
[3]　羅光編：《哲學大辭書（二）》（臺北：輔仁大學出版社，1993年），頁1106。

「心是很抽象存在，也是十分具體存在；……這也是他最熟悉的心。好像自己的同胞都是這樣吧？……『他們』終於緊緊貼在你的胸前：那是實實在在，可觸可摸的存在。……『他們』就是自己本身，自己本身就是『他們』，兩者本來就是一個。於是，他拾起自己不可如何的心，穿起無縫合身的人生天衣，不喜不怨地在崎嶇命運小徑上不徐不疾地走下去。」（孤燈：469）

二、面對危機建立「主體際性」

　　任何世代都產生了人類精神文明的危機，李喬先生所面臨的是新世代文學，新世代文學，最大特色是「輕」，在後現代解構大敘述之後，舊價值崩解，新價值未出現的暫時虛空狀態（許悔之／陳建志／楊麗玲，1997：451），新世代似擺脫過去歷史記憶負擔，新世代政治環境未給予他們價值及主體，使他們陷入失落、彷徨、隨波逐流及追求流行當中。

　　在李喬的小說中，似乎已感受這種歷史危機，[4]李喬似乎在《寒夜三部曲》中多方勢力交鋒、衝突與矛盾當中，欲找出臺灣人新精神的意義價值及歷史感，因此從《寒夜三部曲》當中建構「主體際性」成為一種隱性課題，從歷史來看後殖民臺灣是種「去中心」、「去殖民」，[5]然「去中心」、「去殖民」最大危機可能產生無價值虛無感，或者說是空白無歷史感的此有，在這種危機體認當中，李喬先生鋪陳了「主體際性」的可能性來化解新世代「輕」文學，無價值感受問題，邀請此有進入他的臺灣春天的花園中。李喬先生要在《寒夜三部曲》說明人類精神文明的自由來，在《寒夜三部曲》中《寒夜》、《荒村》、《孤燈》突顯的課題即是在此。精神文明自由在書中呈顯的是：一種主體際性和諧融合正在開展，為了解決新世代的「輕文

4　邱貴芬，《後殖民及其外》（臺北：麥田出版社，2003年），頁39-42。
5　臺灣已脫離日本及或外來政權以戒嚴統治臺灣的時期，在後殖民臺灣文學敘述將如何處理後續發展臺灣文學作品，將是作家思考的重點。邱貴芬，《後殖民及其外》，頁118。

學」，[6]李喬先生正在書中召喚所有讀者進入參與所有文本閱讀，他特意在文本脈絡擺脫某種意識形態或歷史詮釋的固定模式，以符合「輕文學」的本質，去除過多歷史記憶負擔，以承載共同命運為主述論點，邀請所有讀者加入生命共同體營造中，以建立主體際性的可能。

　　由《寒夜三部曲》書中，李喬先生提供我們一種情境歷史思維的隱密空間，觀察在當中，自我如何透過角色的眼睛，去看待他者，如何由自我走出關懷他者，自我與他者之間的互動成就出一種「主體際性」，以及跨越差異及文本霸權而來的創造性詮釋。此三部曲裡頭代表著李喬「主體際性」建構的企圖心，呈現後現代文本精神，企圖以在地文化開顯在角色、情節、歷史、創傷當中進行修復及反省，以閱讀三部曲彷彿體驗文本建構的主體際性氛圍，使人穿越時空的距離，走進一種臺灣人主體際性的生命體驗詮釋，以一種「悲劇淨化」[7]洗滌了被奴化的歷史眼淚，向活著的人印證臺灣人的歷史生命。

　　　「那是一個熟悉的曾經經歷過的時空裡——現在，那些消逝的時空竟然在這漆黑的坎谷深處連接起來了。……誰在哭？是自己嗎？好像是又好像不是。是難友？還是老母的？或者是阿華的？都好像是，又好像不是。喔，是『共同』的哭聲，是屬於生靈界共同的哭聲，那是還未分化成你我他以前的共同體所發出來的。那……那麼，我劉明基竟然進入生命奧底，生靈的根源了嗎？我還活著嗎？我應該還活著，那麼……。」（孤燈：398）

　　在《寒夜三部曲》中，《寒夜》、《荒村》、《孤燈》突顯的課題乃

6　網際網路興起的90年代，新世代是一群重視感官享受的族群，偏愛的文學為：輕文學，篇幅較短，內容較輕鬆，如網路愛情故事、都會心情、交換日記等；翻譯小說，故事架構讓新世代族群天馬行空地想像，並對小說的角色的到認同；圖像化的作品，如日本漫畫或幾米等都是受歡迎的書籍。

7　亞里斯多德在《詩學》第六章中，對悲劇所下的定義是：「悲劇是對嚴肅、完整，且有一定長度行動之模仿；它的媒介是語言，並以各種悅耳的聲音，分別插入劇中使用。模仿的方式是藉人物的動作來表現，而非採用敘述的形式；藉著哀憐與恐懼之情緒的引發，而達到心靈淨化的效果。」

是：「如何在不可避免意識形態宰制異化之下走出人類精神文明的自由
來。」這「人類精神文明的自由」說來是孤獨，也是寂寞，在遍地荒原中尋
找一點靈明，這靈明也是與自己內在深刻自我對話。靈明所帶來的答案是什
麼呢？或許是，或許不是，是與不是思考讓我們不再陷入二元對立矛盾來，
而讀者也在閱讀經驗中，走入了孤燈裡，留下無限想像空間，悠遊在整個生
活世界，以主客互涉的情境達到共融，這是一種在場的形上感受，是神聖空
間顯現，也在當中，掌握那形妙神奧的幽思來。

> 「他好像看到了生命本身；就在這瞬間，他似乎悄然進入生命真實
> 裡。他隱約聽到一種聲音，一種召喚，一種把他完全納入的空間，同
> 時也是他本身頓然擴袒成巨大的空間納入其他的一切。好寂寞、好孤
> 獨。但是也很實在、很充實。他被自己感動得清淚直流。那是生命之
> 流，由亙古流來，又當流向永遠的未來。自己是一個小站罷了，但是
> 自己必須好好走完這一段距離。」（孤燈：412）

　　二十一世紀走過歷史，走過從前，剩餘的是什麼？無非是生命共同體的
存在感受狀態。生命之流由亙古到現在，還在繼續流，自己必須走完。回到
《寒夜三部曲》，而認知到李喬透過此文本所召示的某種意義結構，心靈與
身體也產生與意義符號象徵的反應，文本所突顯的存有狀態也被召喚出來，
這已然超越所謂的語言體系，而追尋與他者同感的關鍵，這是此在生活世界
的共感，也是對生活世界理解感知，是種互動、溝通交流、辯證的現象呈
現。而這場由文本所構作出來的主體際性和諧也正開展著……
　　所以看著《寒夜三部曲》讓我們重構歷史，重構生命，重構精神意識方
向，來達到主體和諧存在感受，讓所有人，包含閱讀者、作者，都能融洽對
待在大河之下，悠遊在驚濤駭浪中，穩步當車，這是一場生命之流，所有人
都被召喚參與其中，在瞬間，使我們看到了生命本質，是孤獨，也是實在。

三、一場立根於土地的「主體際性」開展著

臺灣，是生命共同體生發之源，在這裡所發生的種種都是臺灣人此有與此臺灣在地生活世界溝通互融的整體生存感受，藉「土地」之情，說明著人、自然與天地之間密不可分的終極命運關懷。這關懷引向臺灣人走向自己的命運，當是其所是之時，一種此有與生活世界融合的存在神聖感受即將到來，一種臺灣人的生命美感便出現了。

> 「他們實實在在地接近大地，自己便成為大地的一部分，於是和大地的呼吸一起呼吸，與大地一起活動；大地完全包容了他們的活躍生命，他們也吸取了大地的無窮豐盛。」（孤燈：428）

這種美感沒有僵化意識形態固著，類《小王子》的純真烏托邦世界便誕生了，無階級、知識、思想、外表、種族等差異，孩子們彼此快樂遊戲著，遊戲中不分你與我，不分遊戲與被遊戲者之間，他們在大地中玩遊戲，在母親懷裡玩遊戲，意味著在臺灣這塊土地建構出來這個生命共同體，在生命歷史回溯，召喚一種生命共同體感受，在意識河徹底體驗感受，在生命大河中不斷詮釋著，穿過過去、體驗現在與走向未來，在臺灣這塊土地上，無論在哪，彼此呼吸著同一口空氣，而在一呼一吸之間達到一種同理與諒解。這是去除殖民化，去除傷痕之後，生命昇華與嘆息。

李喬特意由一種原始土地出發——蕃仔林，也特意由泥土來描寫，強調語言多元無礙溝通表達，呈現出生命底蘊的相通，在在都使我們想到透過《寒夜》看到主體際性的建構，特別是在現今臺灣，一種無分裂的生命共同體建基於臺灣的此有與生活世界融合應該要被重視。

> 「阿媽，就是臺灣，就是故鄉，就是蕃仔林；蕃仔林，故鄉，臺灣，也是一種阿媽。或者說：阿媽，不只是生此血肉身軀的『女人』，而是大地，生長萬物的大地，是大地的化身，生命的發祥地。」（孤

燈：513）

　　大河小說主導之下，臺灣是所有生長於斯的母親國度，為母親之國。李
喬曾說到：

> 「我現在只有母親這個意念，沒有影像，已經沒有，我覺得很好，已
> 經化掉了。再也沒有一個女人的形象，只有母親，這麼一個符號，
> 喔！母親，和人間尤其是臺灣，它是合一的，我覺得我心裡面，那個
> 哀傷化解了。這是我對她的懷念，或者是我在文學上這麼把她呈現，
> 不管怎麼樣，《寒夜》這本書如果還在的話，這個葉燈妹會留下來
> 吧。我現在追索她的形象，我都完全找不到，母親和臺灣的大地合而
> 為一，不但不願意，也不需要，也不能要，找到你的形象，就有一個
> 臺灣的大地就夠了。」[8]

　　臺灣大地是我母親，它暗示了出生地的象徵價值，更引發了臺灣人精神
的向度的神祕互滲，這精神向度暗喻著一個生命共同體建構可能性，也象徵
著主體際性的溝通與交流。

> 「對於現代人的思維，祖國僅是一個標明政治、地理範圍的概念，而
> 對原始人的神話思維，它卻是一個極富感召力的原型，因為原始人對
> 他們所居住的、包含著他們祖先精靈的那塊土也會有一種精神上的
> 『神祕互滲』。」[9]

四、召喚遺忘的記憶的「主體際性」交流與溝通

　　李喬希望主體意識覺醒，主體意識覺醒是透過喚回遺忘的歷史，讓作者

8　陳貴婉，《李喬口述歷史》單行本（臺中：東海大學中文研究所碩士班），頁4。

9　莫里斯（Charles Morris）著，俞建章、葉舒憲譯，《符號：語言與藝術》（臺北：九大文化出版
　社，1992年），頁157。

與讀者共築此有與生活世界一體感受氛圍，存在整體感受氛圍代表著一種主體際性的溝通交流正進行著，所有存有氛圍都是在互通與交流著。

召喚遺忘之記憶的「主體際性」交流與溝通，是種不離生於斯而長於斯，是種返本溯源的歸家感受，是一種在文化場域氛圍內滋養茁壯的此有與生活世界息息相關的整體存有感。

在李喬筆下，首先阿強伯強調不願一輩子成為長工，代表著主體的覺醒，建立屬於自己歷史從此開始，而李喬透過這段歷史書寫正足以表現那段遺忘的歷史，寫出來正足以提醒自己不忘本、不忘根的回家感受，也召喚了遺忘的記憶的「主體際性」交流與溝通。

歷史書寫召喚著記憶，李喬召喚遺忘的記憶的「主體際性」交流與溝通，在李喬筆下以臺灣（蕃仔林）是我母親的大地之母感受出發，將母性與大地連結，重構出一種密不可分的懷念，這是海德格所言存在一體感，記憶、歷史的與存在者呈現出一種共同體，建構一種生命共同體，所寫出來的生命體驗與詮釋的小說。

海德格在論〈賀德齡與詩之本質〉中說到語言使得歷史成為可能，人的存在是建立於語言上，這個存在，只有在對談中，才能實現。原始語言是詩，而存在就在詩中被建立起來，詩的本質具有高度歷史性。這裡雖說論述的是詩的本質，但是他要我們在詩的文本中體會到一種此有與世界相屬的共同生命本身，這是神聖的人與合一的緘默語言。人作為歷史存有，不斷透過對話，自我與大地、自然、時間與生活世界對話，交疊出精彩生命篇章，他擷取了記憶，參與了回憶，人正是自己存在所肯定的，在此有、文本與生活世界達到互文性的交流與對話。

> 「人是他自己（man is he who he is），……正是他自己的存在所肯定的人，……但人要肯定些什麼呢？他肯定：他屬於大地。……自從時間成為時間之後，我們才能成為一個對談，自從時間興起了，我們才有可能歷史性的存在著。」[10]

---

[10]　海德格著，蔡美麗譯，〈賀德齡與詩之本質〉，收入鄭樹森編著：《現象學與文學批評》（臺北：東大圖書公司，1991年）。

大河小說[11]所流露出是種對親密感受生命體驗的認同，是種家族樹史溯源的認同，是種土地記憶的認同。認同他所處場域中透露出來母性記憶，認同他所建構的生命共同體知識，知識所帶來價值體系的終極關懷，在大河長流記憶中也在彌補過去記憶中的空白，那段空白使得感情呈現出斷裂，必須用主體意識覺醒去撫平那段創傷的空白。我們用班雅明「追想」來看追溯記憶，不讓記憶遺忘，如何來說明呢？

　　「不只是過去的重複或轉述而已；它的重點是要揭示過去中所包含的，應然而未然的可能性。透過這樣的追憶，埋藏在過去時間底層的改變動力才能重見天日（也許很快又會消失），……追憶的過程不斷瓦解（大歷史）條貫的累箍咒，為歷史受難者的言詞與記憶建立有反省能力的寫作、發表空間。」[12]

　　大河小說承載新的生發，不是局限自己所見所聞而已，李喬希望做的是跨越語言、族群與意識形態等，到達一種視域融合的存有氛圍處境中理解。由此生命歷史也在當中開展，不是只有喚回遺忘的回憶而已，而是在回憶中召喚曾有過的原初生命情境，比方他藉由高山鱒魚來描寫那回到原初生命情境的味道。[13]

　　「故鄉，有奇異的吸引，神祕的呼喚。牠們遨遊四海，但一定歸依故鄉。這是生命本然，超意志的力量，……白山黑水邊，海洋江河寒暖流的交際，那邊是故鄉，是生命發祥地，永恆的母親。」（寒夜：3）

---

[11] 彭瑞金，《文學評論百問》（臺北：聯合文學出版社，1998年），頁244-245。大河小說不斷向前洶湧奔騰，寫起來卷帙浩繁，錯綜複雜，包羅萬象，在臺灣有鍾肇政的《濁流三部曲》、《臺灣人三部曲》，李喬的《寒夜三部曲》及東方白的《浪淘沙》這些是大河小說代表著作，它是歷史之河，故事多線發展，它代表作家有能力寫出含括臺灣群族、族性、歷史、自然、天空到土地、歷史到現實的大作品。

[12] Remmler,Karen.1996.*Waking the Dead:Correspondences Between Walter Benjamin's Concept of Remembrance and Ingeborg Bachmann's Ways of Dying* .Riverside:Ariadne p.1996,32f.

[13] 據李喬先生描繪，這高山鱒因為第四紀後冰期，滄桑巨變之際，被「陸封」變成海島的深谷中，牠是被隔離的孤島而寂寞的魚。

　　那是生命共同體的存在感受，意欲達到超時空、文化、地域、環境、社會、經濟的主體際性交流，在傳統與現代、封閉與開放，自我與他者互相跨界，這時主體不再是主體，客體不再是客體，作者不再是作者，閱讀者也不再只是閱讀者而已，而是在動態詮釋當中不斷精進跨越自身，跨出又跨入，成就不是歷史的考古寫實而已，而是解構、建構、去殖民、去中心來呼應內在深層孤明的需求，彷彿自己與共同體生命的斷絕，那種淒喪孤明存在感受，獨立畫立在流亡的十字街頭，這時我們需要一點靈明，這點靈明在孤燈中閃爍、發光。

貳、由《寒夜三部曲》看「主體際性」

一、由私領域——家族出發建構「主體際性」

　　李喬書中由私領域——家族出發，故事就彭阿強家族遷居蕃仔林開始。為了擺脫為奴的長工狀態，彭阿強決定放手一搏，他說到：

> 「『人家敢住在蕃仔林開山安家，我彭某人怎麼不敢，……』就這樣，彭家決定面對艱辛險難，向命運挑戰，也是孤注一家老少生命的賭注。」（寒夜：16）

　　這個開始是：「好冷，好冷，沒有一點燈光，這是彭家到達蕃仔林的第一夜。」（寒夜：26）裡頭有段話是這麼說明的：

> 「客人，走了，留下來的，才是蕃仔林的人；在蕃仔林的日子，歲月，這才真真實實開始啊！」（寒夜：30）

　　這是個有趣說法，說明著臺灣主體性並非具有排外性，客人也可以留下來，真正留下來才是「蕃仔林」的人，「蕃仔林」暗喻著生根茁壯，雖不是最原初的「原住民」，但是肯在這塊土地打拚，認同這塊土地，就是臺灣

人，即使是客人但也會真正成為主人，這「真真實實」的「蕃仔林」的人意味著不再流浪的過客。而彭家人選擇不再為長工，不再為奴，不再受雇於人，去開墾一塊屬於自己的土地，捍衛這塊土地，代表著做這塊土地的主人，是主體，而非客體，這主體具有著「臺灣性」。[14]

這「臺灣性主體」由一個小人物家族出發，代表成千上萬臺灣人落地生根奮鬥的故事。這大河小說的故事，裡頭傳述著不只是一個家族史，更是代代在此為這塊土地打拚所有承繼的臺灣人的歷史。這歷史有著過去、現在與未來的精神傳承，顯示出大河小說裡國族、自我認同、抗爭、爭奪土地等在此脈絡順是所是，臺灣人的精神意義在此有與生活世界關係脈絡下開展，向著世界訴說一切。

那「臺灣性主體」如何過渡到「臺灣性主體際性」呢？[15]李喬是在個老頑童，他小說中的構思既嚴肅又輕鬆，他把玩著所有的想法，不斷在寫作遊戲當中遊戲著，當他由「私領域─家族」轉向「公領域─全臺灣人」命運何去何從時，由個別家族歷史書寫朝向生命共同體的建構，顯然已由「臺灣性主體」過渡到「臺灣性主體際性」。由李喬先生真實及想像的家族出發，這就是深刻說明著「臺灣性」是什麼，臺灣文學／文化是什麼之後，向世界發

---

14 所謂「臺灣性」是相對概念，在不同脈絡展現不同面貌，要看它策略性被放在什麼位置來呈現。也就是臺灣歷史社會等具體社會等具體實況所限定，不同階段的情境對臺灣文化形塑的影響，以後殖民論述所呈現的臺灣文學特質的「臺灣性」是「反殖民」、「反封建」及「反霸權」，這樣我們論述方式可以是「被殖民者」群起反抗殖民壓迫，建立主體性的過程。然通常這個被殖民者或是受害者位置往往是男性，女性往往無聲。誰最有資格呈現「臺灣性」？其實我們無法禁止不同的人從不同立場來呈現「臺灣性」，「女性」或「臺灣」是一種特定切入點，臺灣文學在全球文化場域顯然受到忽略，若邊緣切入，以「臺灣」作為符號，強調臺灣文學／文化的「臺灣性」，不再進入以「國家文學」為規劃重點的文化場域，而以「性別」、「多元文化」、「現代性」等文化交流場域都可以偷渡「臺灣」經驗，去回應真正「臺灣性」或「臺灣特質」是什麼。見邱貴芬，《後殖民及其外》（臺北：麥田出版社，2003年），頁135-140。

15 「臺灣性主體」與「臺灣性主體際性」最大差異點在於溝通、對話交流與肯認出發，前者著重特定脈絡出發所形塑出來的臺灣文學特質。作者本人認為「臺灣性」，比較著重於「反殖民」、「反封建」及「反霸權」，這樣我們論述方式比較多是「被殖民者」群起反抗殖民壓迫，建立主體性的過程；然在多元文化影響之下應由「臺灣性主體」走向「臺灣性主體際性」，發現更多不同面向關懷，作者認為面對二十一世紀，「臺灣性主體際性」的重要性就是在這樣的趨勢下形構出來，它比較強調的是：臺灣人與生活世界彼此共融互動，在歷史脈絡氛圍中應被理解、詮釋與對話，主體間也應透過交流與對話，不斷回溯與往返，在遊戲中達到主客交流，由臺灣走向全世界。

聲，不再執著在「國家文學」對立上，試圖說明臺灣文學特質是什麼，向世界傳達。

　　所以李喬不斷在各個角色穿入又穿出，心中的圖像不斷在對話與交流。什麼是真相？什麼是歷史？這些答案似乎在轉化及移置當中，變得不重要。什麼是重要呢？重要的是臺灣人與生活世界發生經歷的種種構成獨特共同體體驗必須被傳達，說明著此有──臺灣人與生活世界彼此共融互動，在歷史脈絡氛圍中應被理解、詮釋與對話，主體間也應透過交流與對話，不斷回溯與往返，在遊戲中達到主客交流。

二、由原鄉出發的「主體際性」

　　高山鱒所在的深山淵谷是原鄉，蕃仔林是原鄉，在南洋遙望的臺灣是原鄉。

> 「故鄉之成為『故』鄉，必須透露似真實遠、既親且疏的浪漫想像魅力；閃爍其下的因此竟有一股『異鄉』情調。除此，原鄉主題不只述說著時間流逝的故事而已；由過去找尋現在，就回憶敷衍現實，時序錯置（anachronism）成為照映今與昔、傳統與現代衝突的必要手段。相對於此，空間位移（displacement）不只指明原鄉作者的經驗狀況──『故鄉』意義產生肇因於故鄉的失落或改變，也尤其暗示原鄉敘述行為的癥結。」[16]

　　原鄉的建構出來「主體際性」呼喚，去除了意識形態的隔閡，幾乎是跨越不同國籍、種族、歷史、語言及性別的對待，而呈現一種對生命本根──原鄉土地的認同，所有都化歸在這塊土地認同上而有所化解。如鱒魚是被迫流離，然終究要歸依故鄉的生命本然原始呼喚。我們舉明基逃亡為例，他有如鱒魚回復生命本然般的情節不斷在《孤燈》中上演。

---

[16] 周英雄、劉紀蕙編：《書寫臺灣──文學史、後殖民與與後現代》（臺北：麥田出版社，2000年），頁73。

「明基手腳並用，冒險爬下那黑忽忽的坎谷，……他專注地爬行前進，不過心頭卻浮現一種奇異感覺，他現在好像不止是為救一個患難好友而冒險，而是為了自己；生命中的軌跡，有些是意志之外的，但必須艱苦地攀援過去，或者，這也是一種完成？」（孤燈）

「他感到現在並非自己的力量在支持自己這樣行動，而是有一種自然力量，或者說是神祕命令。奇怪的是，他對於這個行程，彷彿是似曾相識的；以前自己來過這裡，而且不止一次。……那是在另一個時空裡，一個熟悉的曾經經歷過時空裡──現在，那些消逝的時空竟然在這漆黑的坎谷深處連起來了。他進入一種溫柔舒適的氛氳裡，而且眼前呈現一片柔和的黃色光暈……」（孤燈）

這種穿越歷史的未分化你我他的生命共同體是一種彼此體諒肯認的生命共同體。人在相互肯認當中是不斷在與他人欲望對立當中，而走向一個目標的精神辯證過程，這種是藉由奮鬥互認，而達到昇華而挺升，這樣不只是受過去本源決定，也走向未來，成為別人所肯認的精神存有者。

李喬更透過許多主角對臺灣「主體際性」應是如何有了框架，框架不是隔絕與阻斷，不是異化在自己的原鄉，而是在原鄉當中尋求一種主體互相溝通、肯認的存在的開顯。

在開放中所投注的精神成就的生命共同體的主體際性，自我與他者在生命共同體的原鄉當中，有了相當程度的連結，是同脈絡、同呼吸、同思維，起於自然又歸於自然的狀態，就像是泥土般的生命狀態，這在《寒夜三部曲》當中有許多描繪。

三、「拒絕生活世界再殖民」的「主體際性」

臺灣文學表達一向給人「在地性」有餘，「國際觀」不足的感受，以殖民／反殖民為思考重點，往往比較偏重土地權力鬥爭及政治國族認同，也缺乏世界思潮接軌。若要殖民／反殖民具有「現代性」，又不失去「書寫土地

及人民」原則，則必須有所策略對應，於是我們轉化歷史的「殖民」意義來成就內心「拒絕生活世界再殖民」，[17]讓臺灣文學邁向全球化，讓臺灣成為一個符號，強調全球文化場域與其他文化對話，強調臺灣文學／文化的「臺灣性」，要如何做呢？那就是強調「主體際性」交流與對話，拒絕「殖民」狀態。拒絕「殖民」狀態，意味著理解「臺灣歷史的過去殖民狀態」，其次是在內心深處裡「拒絕生活世界再殖民」。

　　首先理解「臺灣歷史的過去殖民狀態」意味著不再疏離異化成為自己原鄉的流浪漢，成就歷史孤兒，李喬先生費盡心思搜集資料去呈現在土地背後的大量史實，透過歷史的書寫，喚回對原鄉的緬懷。葉石濤曾在一篇短文定義臺灣文學特質：

> 「一部臺灣文學史必須注意臺灣人在歷史上的共同經驗；也就是站在被異族的強權欺凌的被壓迫的立場來透視才行……。」[18]

　　所以臺灣文學乃是殖民壓抑的歷史下，追逐臺灣魂。[19]臺灣魂所代表乃是臺灣精神所在，是種不再被欺凌壓抑的自由自在，自由自在的靈魂乃是「主體際性」真誠溝通、交流與肯認。

　　姑且不論對現代年輕人作用力為何，我們看到起初用心與嘗試。那是一種生命呼喚，在有距離觀看臺灣歷史後所產生出來的臺灣意識，臺灣歷史在過去是來來去去的殖民歷史；如今，不該讓殖民狀態發生了，「生活世界拒絕再殖民」。

　　其次在內心深處裡「拒絕生活世界再殖民」，無論如何，生活經驗世界總是與個人的生命息息相關，「生活世界拒絕再殖民」，意味著臺灣主體意識的覺醒，個人意識覺醒。過去臺灣在殖民壓迫之下底層生命情懷，有所扭曲，不能好好活著，即使現在也受到某種層面的壓迫；生活是好好生存活

---

[17] 看邱貴芬，《後殖民及其外》（臺北：麥田出版社，2003年），頁79。

[18] 葉石濤，〈「臺灣文學史」的展望〉，《臺灣文學的悲情》（高雄：派色出版社，1990年），頁99。

[19] 彭瑞金，《臺灣新文學運動四十年‧序》（臺北：自立晚報出版社，1991年），頁15-17。

著，生存活著遇到不能「是其所是」好好活著，那麼就會遇到某種的抗爭。抗爭，[20]就是「拒絕生活世界的再殖民」。

　　臺灣人任何形態的抗爭，都是拒絕生活世界的再殖民。什麼樣貌的殖民呢？有如地主制度下的殖民、封建底下的殖民、帝國侵略的殖民、意識形態的殖民等等。殖民意味著在壓迫之下，讓我們不能「是其所是」狀態，抗爭是拒絕生活世界再度殖民狀態。

　　這是「新殖民」（neo-colonialism）概念，不再只是指涉一個國家占領另一個國家而已，而是指涉任何權力壓迫結構，如經濟、性別、文化、國家內部種族不平、族群壓迫等等，如阿莫德（Aijaz Ahmad）所言：

> 「殖民主義於是變成一種跨歷史性東西，永遠存在而且永遠在世界的這個角落或那個角落瓦解當中，因此每個人遲早都有機會變成殖民者、被殖民者和後殖民者——甚至有時三者同時兼具。」[21]

　　不能「是其所是」使我們活在不是臺灣人的生存方式裡，臺灣人不是臺灣人狀態，讓我們生命底蘊充滿矛盾與兩難，不能大聲呼喊自己的定位，使自己非其所是，不能自然而然，不再是原鄉狀態的本真臺灣人，充滿痛苦與無奈，而這表現在土地的痛苦上了，有著創傷的印記。

　　為了不再生活世界充滿痛苦與無奈，我們以為偽裝成為一個順承主流價值的被殖民者，就可以適應於這個世界，然這造成更大痛苦沮喪來源。偽裝成為一個順承主流價值的被殖民者，就類似於李喬小說中的三腳仔的叛變者。

---

[20] 彭阿強、劉阿漢及劉明鼎分別代表三階段抗爭，彭阿強代表舊有傳統家族守成固守土地的代表，誰搶了土地，或者說明使家族勢力流失就是敵人的代表。劉阿漢，原本是招贅進來的，以有貢獻的人力資源作為地位表徵，初期選擇壓抑而屈從家族勢力和統治勢力，安於奴化的角色，後來因為日本統治被人密告在戰役中殺日本人，才開始從被奴化的生命體驗中覺醒。劉明鼎則代表強型的凝聚的反抗的意識興起。在三位抗爭之後，最後以劉明基為終結這段抗爭史的自我成長為代表為了不再異化，囚禁在怪異的政治形態束縛之中，劉明基有了最後反抗，真正擺脫殖民的禁錮，成全了真正臺灣人的精神，去勘破壓抑與被壓抑、剝削與被剝削的階級革命正悄然上演。這就好像逆流的鱒魚，若不逆流無法達成生命的傳承，逆流的抗爭才能體現生命共同命運體的意義價值。

[21] Ahmad, Aijaz. 1995. "The Politics of Literary Postcoloniality," *Race and Class* 36.3 (Jan-mar, 1995):1-20.

　　在原鄉當中出現了類似三腳仔的叛變者，[22]這叛變者不得已順承主流價值者，為了生存緣故，不再大聲呼喊自己的角色，在外在現象來說，是被殖民的狀態，而在內在而言，心態上也被殖民了，使自己不再是自己原鄉的狀態。內在心態被殖民，影響了所有的對待關係，包含著朋友、親人、愛情對待關係，而這等對待關係意謂外在殖民也影響著內在殖民，內心的深層價值動搖，使人得以被殖民，關係的和諧不再出現。

　　本來應是主體際性共同體，彼此肯認、愛與諒解的關係對待中，卻出現了叛變者，不是外在環境框架殖民而已，而是內在的此有本真世界也被殖民了嗎？李喬先生不要此種狀態，而是要一種「共生體悟」——生命共同體的建構。透過在蔗農事件劉明鼎憶起撿起大哥的手指頭，反思中說到：

> 「他，明確地，實實在在地，感受到那自己的一截手指；一種不可棄，不可分離的意欲緊緊逼迫他。那是一種不忍捨去，不忍失落，不忍放棄——也是一種惆悵、一種驚慌、一種孤獨、一種無依、一種依賴——的混合感受。
>
> 　　母親就是我，父母兄弟就是我；我裡面也有父母兄弟。是一種同體感，一種共生的體悟。……
>
> 　　他們，就是我，我也是他們……
>
> 　　苦難的蔗農，苦難的臺灣人就是我！我就是他們。我能自私地自求幸福嗎？我的身體半邊在天堂，半邊在地獄，可能嗎？忍心嗎？」
>
> （荒村：263）

　　在壓迫之下本然應相濡以沫的生命共同體，卻比遠方的敵人更加具有殺傷力，以被迫害之姿來迫害被迫害者，這是什麼樣的生活世界呢？外在壓迫遠比內在壓迫來得更甚，原以為可以悠遊在外的原鄉人原來是不能置身事外，他也遭逢了更大的創傷，來自於生活世界被徹底巔覆與殖民了。

　　抗爭原本是對抗外在有為形式的壓迫，然無形壓迫，主體意識形態的壓

22　三腳仔叛變者是指日據時代，幫助日本人的臺灣人，像《荒村》中的鍾益紅、李勝丁，或者《孤燈》中村川中夫（陳忠臣）、野澤三郎（黃火盛）、陳乾、小井巡查。

迫，此有與生活世界的斷裂與矛盾，如何抗爭呢？內在本真不見了，這又如何抗爭呢？斷裂與矛盾的印記出現在這，也在那，牽一髮動全身，如何逃脫得了呢？唯有面對它，面對斷裂與矛盾印記，面對這一切所造成的傷痕吧！

四、成就自我救贖的主體際性

在內心深處「拒絕生活世界的殖民」，就是「拒絕此有的再殖民狀態」。拒絕此有的殖民，讓此有是其所是，讓自然回復自然，不再被殖民，首先是緬懷歷史，記錄歷史，拒絕成為歷史孤兒，才能成就自我救贖。

殖民世界的創傷是深層的，是共同體結構潛意識的破壞者，唯有透過自我意識的覺醒與抬頭才能拒絕生活世界的殖民化，才能拒絕此有本真的殖民化。

> 「人生，好像處在兩端都是強大引力間的小魚，他必須分秒不停地掙扎抗拒才能生存下去，這期間沒有猶豫，沒有議論的餘地。於是抗拒，就是活存下去的唯一憑藉，於是抗拒成了生命本身的責任，甚至是生命的形式也不為過吧。」（荒村：330）

透過書寫臺灣歷史就是拒絕生活世界再殖民的印記。在李喬小說他藉由人物的抗爭說明了這些生活世界的奮鬥，拒絕殖民意味著不是委順者，也不是奴化的一群，而是有意識覺醒，讓自己與生活世界建立彼此依存的主體際性關係，是種生命共同體，生命共同體拒絕異化的殖民，成為「是其所是」，本真純然狀態的臺灣生命共同體。

這生命共同體拒絕外在及內在生命的殖民，它要求溝通與交融，讓生命「是其所是」，讓一切回復自然，自然而然成就了自我救贖的一部分，他代表生命重新更新，重新看待，不讓痛苦阻止前面所言路徑，這種自我救贖正透過「主體際性」交流、溝通與對話進行開展著。

這「主體際性」對話、交流與溝通不僅代表著內在與外在、過去與現在和未來、殖民與被殖民、被壓迫與壓迫者之間、男性與女性、傳統與現代、

自我與他人，甚至是自我與自我之間的對話、交流與溝通，「主體際性」劃破了隔閡，讓所有主體間隙消融，呈現了對話、交流與溝通，而這樣的對話、交流與溝通正是李喬在無意識所欲表達的自我救贖本身，或者說是有意識的無意識之下所意欲達成的效果吧！

　　面對歷史，透過書寫，李喬完成自己，等於走了一段尋鄉之旅。這尋鄉之旅是由殖民到非殖民，由自己與世界與對話，跳脫狹隘的宰制異化大敘述。他期待走出自己的救贖與命運。李喬自言「寫完此書也使自己成長」（李喬，1990a），不再是孤兒。尤其是在《寒夜三部曲》中，他以卑微的小人物出發，而非可歌可泣的英雄典範，以突顯他內心深處的抗拒，抗拒那個統治異化的意識形態。藉此強調「存在者」，而非「存在」空洞概念，[23]以紮實感受的在地家族小人物說出「此有」與「生活世界」關係網絡的「主體際性」。這不以宰制文化大敘述為基調，也是去中心、去殖民之後自我救贖的追贖，[24]所以這尋鄉之旅也是自我救贖之旅。在《寒夜》中，這是種流浪在外多年之後體會的回家感受，是紮實生命感受，是種此有在世界中，紮實生命體驗詮釋感受，這裡所建構出來的存有場域氛圍，讓人不再無家可歸，彷彿是生命原鄉的呼喚，讓人得以復返原鄉，去體會人類生命中的一點微明，藉由「主體際性」溝通、對話與交流所營造出來的生命共同體和諧感受，生命不再孤單，在當中生命之間彼此慰藉取暖，得以還原本真狀態，一種存在的開顯。

參、「主體際性」開展——召喚你與我參與與介入

　　誠如看了李喬《寒夜三部曲》，看完迴盪不已，他正在召喚你與我參與與介入，那是一種互為文本，彼此生命交錯，主體際性之間對話、溝通與交流正進行著，「主體際性」對話、溝通與交流存在於整個閱讀過程當中，在

---

[23] 海德格講到「存在遺忘」意味著「存在」成了空洞的概念，他寄望由此在（Dasein）出發找回真正存有的本真狀態，這樣存在就不會成了空洞概念，藉由「在生活世界中的人」走向存在開顯。

[24] 陳芳明，〈後戒嚴時期的後殖民文學——臺灣作家歷史記憶的再現一九八七—一九九七〉，《後殖民臺灣——文學史論及其周邊》（臺北：麥田出版社，2002年，初版），頁113。

閱讀過程當中，作者、讀者與文本也在進行溝通、對話與交流，不斷延異[25]著，那是一種生命境界的昇華。

一、意義在作者、讀者與文本當中，不斷擺盪延異著

葉石濤將《寒夜三部曲》稱為「大河小說」（Roman-fleuve）。

> 「凡是夠得上稱為『大河小說』的長篇小說必須以整個人類的命運為
> 其小說的觀點：就像杜斯妥也夫斯基在《卡拉馬助夫兄弟》中企圖把
> 唯物和唯心兩大哲學潮流熔於一爐找出一條人類可行的道路。」（葉
> 石濤，1979：148）

大河小說讓我們想到了悲劇洗滌之後，臺灣新精神的再現，是多元呈現，不斷延異開顯著。比方李喬先生使用「淡歷史」書寫方式，在第二部當中，不再著墨於情節、人物感受等寫作方式，而只使用大量史料應用在其中。這種「淡歷史」書寫方式引來爭議，然而他更引發了想像空間，在史料之外，那段空白又是什麼？「淡歷史」意味著淡描歷史的虛構情節，重新玩味當中可能存在真實意涵。「淡歷史」不再由作者主體意識形態主宰讀者可能的感受，而讓作者已死，讓讀者參與整個創造性詮釋裡，避免了意圖的謬誤。[26]讓生生不息的意義流轉在可能的存在訊息裡，不再固著於某意義、某價值或者意識形態裡。

意義、價值或意識形態在陳述與描寫的現象當中擺盪。在擺盪拋棄目的與工具性枷鎖，朝向聽聞那生生的歷史節奏，向著世界開展，指向他者，並

---

[25] 德希達（Derrida，1978）所說的延異（differance），就是透過語音的差異與連結，製造嶄新的另類語境，並且採取一種前所未有的遊戲態度對待數千年悠久歷史的語音符號意義。我使用此語詞用來說明閱讀過程當中，讀者與作者之間生命交流與對話，達到一種不斷延異的狀態。

[26] 美國學者溫瑟（W.K.Wimsatt, 1907-75）在《語象》（*The Verbal Icon: Studies in the Meaning of Poetry*, 1954）提到了有種批評觀點的謬誤，是揣測作者意圖的「意圖謬誤」也就是強行把作品內容、訴諸作者當時政治社會環境等來去詮釋作品的創作的本意動機，就犯了此謬誤。見張錯，《西洋文學術語手冊》（臺北：書林出版社，2005年），頁143。

啟動自我建構意義循環。帶著由真實與想像的家族，及自我生命原始圖象去形構多元、歧異、變化的內心獨白生命共同體的內心樣貌，一場主體際性生命共同體感受正進行著。

「主體際性」生命共同體展開生命意義、價值及意識形態，使主體自我不再固著於單一面向，而是多元、多意義呈現著。不斷交流對話著，特別是在主體自我交流對話上面呈現，李喬使用著意識流來呈現生命共同體的交流與對話，忽而過去、忽而現在、忽而在異地戰場上、忽而在家鄉裡，不斷流動詮釋周遭氛圍，不再固著於某場域，而是此有與生活世界動態辯證裡。

這是動態辯證，也就是活的對話錄，用傅柯的話來說，這是自我生命對話。[27]整個《寒夜三部曲》，就像是意識在流動的水中，出現又隱沒在說與未說之間，像潛意識與意識之間的對話，又像我與他者之間的對話，最後回歸到自我與自我的對話般，這種無意識的狀態銜接了此有與生活世界之間的聯繫，給了自由的聯想，在瓦解和降臨動力當中開創了自我救贖的新局面。

羅蘭・巴特（Roland Barthes，1972）在他的《寫作的零度》論述中的話語，可以為這篇小論作結。

> 「在當前一切寫作中都存在著一種雙重假定，這就是存在著一種瓦解的動力和一種降臨的動力，以及存在著整個革命情勢的圖景。這種雙重假定的基本含混是：革命在它想要的摧毀的東西內，獲得它想具有的東西。正如整個現代藝術一樣，文學的寫作既具有歷史的異化，又具有歷史的夢想。
>
> 　作為一種必然性，文學寫作證明了語言的分裂，而語言的分裂又是與階級的分裂聯繫在一起的；作為一種自由，文學就是這種分裂的

---

[27] 米歇爾・傅柯（Michel Foucault, 1926-1984），是當代法國哲學家、評論家、社會學家與思想系統歷史的專家，他影響了歷史、社會、科學哲學、監獄發展史和文學等。傅柯認為沒有主宰性主體，主體面貌是多樣的，應被替換成小寫的諸主體（1984：79），認識自我必須藉由他人幫助，來達到認識且關切自身任務（1997：93-99），關注自我，必須透過「話語」去超越內在真實文本（1997：99-100），如此傅柯自身與世界關係，是透過對話，甚至是自我生命對話來達到提升，話語才能真正超越。

良知，和超越這種分裂的努力。」[28]

　　《寒夜三部曲》被稱為大河小說，大河小說也可以說是「意識流」小說，在意識流的恍惚交錯裡，李喬透過文字語言讓意義不斷延異著，讀者的詮釋也不斷延異著，將你、我及他的命運交疊在一起，主體際性也不斷溝通著，就好像李喬先生使用多元語言來說明此有與生活世界發生的種種溝通交流一樣，一種潛意識下共融的主體際性生命共同體正在說明著，在扭曲、擺盪及延異過程，展現出瀟灑、自由逍遙的生命境界，一種「共在」正昇華著，一種「自我宛若他者」也在進行著，一種「作者與讀者互參」也正在進行著，而這就是李喬所努力的方向，希望你也成為此種氛圍當中的一分子。

　　這種「共在」、[29]「自我宛若他者」、「作者與讀者互參」所產生氛圍乃在於最大肯認，[30]乃在於互融不再對立的立場，不再存有異於己者敵意的衝突、殺戮、驅趕……，不需要確定主體是誰，不再有堅固的主體詮釋，只是在交流多元中走進又走出，越界模糊地，呈現主客不明的曖昧，善意在彼此回應中開放、交流開來呈現詩意的美麗世界，在氛圍中溝通人與人、自然、世界以達成共在互參的行動。

　　我與他的存在，我作為他者與人共存，不管是外部或者內部的，都無法脫離，主體際性交融的大我，自然不能自外其身而存在，自我與他者，強調自我與他者無法分離，這種異質的他者不僅是存在於外界的我與他人之間，也存在於自我本身的內部，所以我與他者之間的對話，話語非孤立，而是社會中相互交流的結果，甚至是將作者與讀者之間與文本也做了連結，成就了這種言談雙方交流所構成的場域，在場域當中所形構出來的主體際性，排除了任何主體的優位，而展現主體際性超語言的對話。[31]

---

[28]　羅蘭巴特著，李幼蒸譯，《寫作的零度》（臺北：時報文化出版社，1991年），頁127。

[29]　海德格的「共在」（Mit-sein）是指我與他者之存在，「共同此在」（Mit-dasein）是指我作為他者，與人共存，二者是存有開顯，建立基準點（W.Biemel，1987：80-96）。

[30]　「肯認」意味著肯定彼此，深刻體認如其實的樣貌，這是「主體際性」呈現出的不同主體詮釋特質，在肯認前提下，主體間的交流、溝通與對話始為可能。

[31]　張漢良編著：〈巴赫金與意識形態的物質性〉，《方法文學的路》（臺北：國立臺灣大學出版社，2002年），頁70-81。文中舉了巴赫金的說法，探討虛妄意識，所有意識形態具有物質性與社會性，無意識也是意識的延伸，他的對話建立在意識的多重性，然而他的錯誤在於排拒了心理

二、去殖民之化的生命境界的昇華

　　殖民者與被殖民、自我與他者或者是男性與女性，作為弱者——臺灣，去殖民之後所呈現的弱者代表，仍是弱者嗎？仍是女性嗎？套句後現代女性主義想法，不是的，而是呈現出「陰陽同體」的境界。這時想起了傳統價值的特殊思維：「負陰而抱陽」、「沖氣以為和」，這不就是主體際性融通與和諧嗎？弱者不再是弱者，經過洗滌之後，一種新臺灣生命境界開展出來是柔弱而堅強，充滿肯認與包容性，區隔與間離逐漸消逝，成就一種生命昇華的新境界，具有母性特質，卻仍有父性痕跡，勇敢走出守衛著臺灣，這種「共在」、「自我宛若他者」、「作者與讀者互參」藉由燈妹的生命體驗詮釋，或者說是李喬先生生命體驗詮釋，[32]正暗藏在其中宣告著，生命力的醞釀在和諧的主體際性裡，在生命共同體之下孕育著臺灣新精神！這股生命力將你、我與他和過去、現在與未來、傳統與現代進行連結，創造一個獨特臺灣新精神，那兒有著肯認、融通、和諧與包容，是再自然不過了，是「是其所是」，在參與互參中走過所有發生的一切，而你我生命詮釋就在其中，再也不分離了，看著他，看著自己，走過從前，心中不再是孤兒，而是息息相關的網絡中，在關係裡，主客體不再對立、殺戮。

　　馬塞爾在分析「是與有」的生命情態時不禁讓我們想起，「是其所是」，是再自然不過了，生命詮釋循環在自然的呼召之下自然進行，當我們去殖民、去中心之後，一種新生命境界的昇華即將開始。主體際性的生命和諧提醒，作為臺灣人，就應是臺灣人，以臺灣人思維為立足點，不再是過去殖民的思考，而是後殖民思考方式。過去以臺灣為母親，以大地為母親，透過大地母親形象的書寫，說明著某種生命共同體，而這原型意象，事實上代

　　學（K. Hirschkop，1985：773），根據以上，我提煉出不同見解，除了肯定其對話論當中自我與他者微妙關係之外，特別著重於主體優位去除，更在意識流當中找尋對話的可能性，來說明整個《寒夜》主體際性的建構。

[32] 李喬特意突顯葉燈妹的角色，透過李喬所建構出來的燈妹形象，男性模擬女性身分「偽主體」確立，女性地位或是身體差異性似乎被模糊、稀釋，甚至消解不存在，最後以女性身分成就家族精神所在堅強而挺拔捍衛著他們，這是我所謂的「陰陽同體」形象。

表著多產、愛與溫暖，有著對大地忠誠與崇拜，而這是潛伏在臺灣這塊土地上所有人的集體潛意識，足以讓我們超越個體的限制，成就主體際性的合諧；有如燈妹所暗喻一般，她是大地之母代表，代表著所有臺灣人的神話原型，像觀世音一樣守護著臺灣。[33]

　　母親角色扮演應該不再是女性的殖民化（colonizing），即屈從男權制的壓迫（Smith and Watson, p.19）或者說是政治主體的壓迫，而是一種反殖民，去中心，成就臺灣主體的真正思考，臺灣曾是個殖民地，在女性角色定位上也是可以這麼樣形容，女性是被殖民地，是主從關係的委順者。

　　如燈妹是書中的靈魂人物，她代表一種反殖民化的女性代表，是李喬隱身在其中，透過燈妹在說話，燈妹在女性位置成就了某種超越，超越殖民的遭遇、女性壓抑的遭遇、政治的遭遇，成就了有如神話般的位置，這個位置不再是偏頗的他者，不是西蒙・波娃（Simone de Beauvoir, 1908-1986）在《第二性》所講的「他者」而已。[34]

　　燈妹所代表的「他者」有所轉化呈現出自我意識覺醒，彷彿代表著不再是個他者，他已然成了自我，已然成了自己，這是精神辯證，也是生命必取道於自我疏離而為他者。他所進行的精神辯證的路徑乃在以自我否定，然再回過來肯定自己，歷史上由殖民走向後殖民，生活世界由殖民走向後殖民，自我由殖民走向後殖民，這樣的生命已然在經歷種種之後，返回肯認，是有

---

[33] 朱剛，《20世紀西方文藝文化的批評理論》（臺北：揚智出版社，2002年），頁86-95。裡頭說到「原型」（希臘文arch，喻初始、根源；typos指形式、模式），這概念出現在十九世紀下半葉，而榮格將神話與原型融合在一起，於是榮格提出了「集體潛意識」（Jung，1965：158-61）說明著每個人心理底層蘊含著人類史前以來所有內容，集體潛意識由各種原型構成（Jung，1968：504），原型批評家紐曼將榮格原型解釋為三層次：原型、原型意象、原型具象，「偉大母親」（Great Mother）是個原型意象，代表人們對某類的母親象徵的忠誠與崇拜，其表現之一是大地之母，象徵多產、愛、溫暖與生命（Neumann，1963：5-10）。

[34] 西蒙・波娃（Simon de Beauvoir, 1908-1986）在《第二性》（*The Second Sex*）說到，女性是男性主體所建構的「他者」，在教化過程中男性所建構出來的「他者」，是被內化成女性對自我形象與我質的唯一認同。「他者」指的是女性，男人為了自覺存在，便將女人貶抑成只是自體存在，女人不幸處境是在歷史中將此異化女人的觀點給予內化，而認同父權體制所建構男尊女卑之性別文化。引自陳秉璋，《性教育美學：性、色情、裸體藝術》（臺北：揚智出版社，2003年），頁69-81。

著交互主體性的可能性。讓自我宛若他者，他者宛若看我的精神昇華了。[35]

　　李喬潛伏在這樣的角色位置，讓這角色穿越時空，走向現代化，代表著一種「原型」（archetypes）。燈妹代表臺灣這塊大地母親，雖被殖民，然在過程中仍然生生不息，生命力的循環就有如高山鱒動物意象一般，是不斷回返溯源的生命力展現。生命就是這樣，充滿自然而然的土地情懷，不再吶喊當中的差異存在，而是真正走出自己，關懷他人。當我們真正從歷史淡出，從後殖民傷痛中走出，才能夠將悲憤心情化為力量，以活者之姿走向主體際性的融合，「共在」、「自我宛若他者」、「作者與讀者互參」等等主體之間溝通交流正進行著，或者性別、種族、民族、階級、性傾向的差異等，正消逝，走向著一種溝通、交流與對話。

　　誠如巴赫汀的眾聲喧譁般，去除意識形態或說是文化霸權衝突或緊張，在於「去中心」、「去殖民」之後所呈現的各種對話、交流與溝通，使自己與他人、自己與自己等，都能夠深刻體現了自我與他人的價值。

　　　　「眾聲喧譁是各種社會利益衝突、價值體系話語所形成的離心力量，向語言單一的中心神話，中心意識形態的向心力量提出強而有力的挑戰。在這樣眾聲喧譁、百家爭鳴的局面中，文化呈現著勃勃生機和創造性。這是因為，只有在眾聲喧譁的局面中，各種話語才是最深刻地意識到了其自我價值和他者的價值，把中心話語霸權所掩飾的文化衝突與緊張的本質予以還原。在話語與話語的相互對話、交流中，化解矛盾與衝突。」[36]

　　或許有人以為這種取消主體，即消解了自己歷史中的位置，誠如有人質疑後現代女性主義，如哈索克（Nancy Hartsock）表達出來的：「為什麼正當我們當中很多人開始為自己命名時刻，正當我們起來做歷史主體而非客

[35] 柯志明著，沈清松主編：《惡的詮釋學——呂格爾論惡與人的存有》（臺北：五南圖書公司，2008），頁133-137。這是呂格爾在分析佛洛依德診療情境中心理病患與醫師之間所構成的交互關係主體，這時病患宛如黑格爾主奴關係中奴隸，病患必須經歷意識辯證升進歷程中獲得自己，由異化中成為自我意識被肯認。

[36] 劉康，《對話的喧聲：巴赫汀文化理論述評》（臺北：麥田出版社，2005年，第二版）。

體的時刻，主體這一概念本身偏偏受到了質疑？」（Brodribb, pp.45-46）這好比是在一場輪流坐莊賭局中，前莊家在卸任時卻宣布整個賭局已經結束了。[37]然而此當中，更要說明的是「主體際性」並非取消主體，而是取消了主體與主體間的隔閡與限制，讓真正交流與溝通重新再出發，而不再被殖民，讓我們生命昇華吧，在嘈雜的排擠聲浪中！

總結

透過李喬《寒夜三部曲》的帶領，我們看到了一場「主體際性」正展開著……

「主體際性」強調的是此有與生活世界的互動，不再劃分主體與客體，彷彿形構成一種氛圍，這種氛圍將所有關係網絡連結在一起，包括時間感與空間感，使此有——臺灣人歷史存有與生活世界緊密連結，透過高山鱒尋根之旅，找回原始生存狀態，一種本質的回復狀態。

「主體際性」強調一種生命本原狀態的回復，純粹生活經驗世界的努力所形構出來一種生命共同體，包含人與自然關係、人與土地的關係、人與人的關係等都緊密連結，透過原鄉找尋將在此生活的歷史存有者——臺灣人所有遭遇一切，過去、現在與未來運命都透過主體際性交流，有了溝通與對話。

此有拒絕被殖民，臺灣拒絕被殖民，生活世界拒絕被殖民，臺灣人要有臺灣人新精神，建構主體際性的溝通與交流，李喬託寓家族歷史人物，理解自我與他人互動、以參贊[38]滲透環境，建構出臺灣人歷史共同生命感受情誼交流，特別是在大河小說裡，國族、自我認同、抗爭、爭奪土地等在此脈絡順勢開展。

由此看出臺灣人的精神意義在此有與生活世界關係脈絡下開展，是向著世界訴說一切，意義在陳述與描寫的現象當中擺盪，在擺盪中拋棄目的與工

---

[37] 李銀河《女性主義》（臺北：五南圖書公司，2004年），頁103。

[38] 參贊所代表的是「參與此有與世界的互動中」，任何不同主體的生命形態都必須「參贊」在共同體氛圍營造之中。

具性枷鎖，朝向聽聞那生生的歷史節奏，向著世界開展，並啟動自我建構意義循環，帶著由真實與想像的家族及自我生命原始圖像去形構多元、歧異、變化的內心獨白生命共同體內心樣貌。

　　「主體際性」的溝通與交流不再是任何形態的殖民，讓生命是其所是，讓臺灣人是臺灣人，讓我們成為臺灣人覺醒聲音。臺灣主體不是隔絕你與我與他之間的關係，而是以此為立足點，在主體間建立真正關懷、溝通與交流。這種主體際性所營造出來的生命共同體，不再有背叛與破壞，而是真正此有與生活世界互動的「場有」哲學。[39]依場而有，是互為依存關係的生命哲學，任何人都不能破壞，只能參與體現這樣的主體際性場有哲學，邀請讀者，也邀請你與我，共同參與這大河中，讓生命之河洗滌我們更純粹的生命本質吧！

---

[39] 這是唐力權先生所言的「場有」哲學，「場中之有，依場而有，即場即有」，說明「有」（存在）是依存於「場」。見唐力權，《周易與懷德海之間・序言》（臺北：黎明文化公司，1989年）。

參考書目

Remmler, Karen. 1996. *Waking the Dead: Correspondences Between Walter Benjamin's Concept of Remembrance and Ingeborg Bachmann's Ways of Dying* . Riverside: Ariadne

Ahmad, Aijaz. 1995. "The Politics of Literary Postcoloniality," *Race and Class* 36.3(Jan-mar, 1995)

羅光編：《哲學大辭書（二）》，臺北：輔仁大學出版社，1993年。

陳貴婉，《李喬口述歷史》單行本，臺中：東海大學中文研究所碩士班。

莫里斯（Charles Morris）著，俞建章、葉舒憲譯，《符號：語言與藝術》，臺北：九大文化出版社，1992年。

海德格著，蔡美麗譯，〈賀德齡與詩之本質〉，收入鄭樹森編著：《現象學與文學批評》，臺北：東大圖書公司，1991年。

彭瑞金，《文學評論百問》，臺北：聯合文學出版社，1998年。

周英雄、劉紀蕙編：《書寫臺灣——文學史、後殖民與與後現代》，臺北：麥田出版社，2000年。

邱貴芬，《後殖民及其外》（臺北：麥田出版社，2003年。

葉石濤，〈「臺灣文學史」的展望〉，《臺灣文學的悲情》，高雄：派色出版社，1990年。

彭瑞金，《臺灣新文學運動四十年‧序》，臺北：自立晚報出版社，1991年。

陳芳明，〈後戒嚴時期的後殖民文學——臺灣作家歷史記憶的再現一九八七一一九九七〉，《後殖民臺灣——文學史論及其周邊》，臺北：麥田出版社，2002年，初版。

張錯，《西洋文學術語手冊》，臺北：書林出版社，2005年。

羅蘭巴特著，李幼蒸譯，《寫作的零度》（臺北：時報文化出版社，1991年）

張漢良編著：〈巴赫金與意識形態的物質性〉，《方法文學的路》，臺北：國立臺灣大學出版社，2002年。

朱剛，《20世紀西方文藝文化的批評理論》，臺北：揚智出版社，2002年。

陳秉璋，《性教育美學：性、色情、裸體藝術》，臺北：揚智出版社，2003年。柯志明著，沈清松主編：《惡的詮釋學——呂格爾論惡與人的存有》，臺北：五南圖書公司，2008。

劉康，《對話的喧聲：巴赫汀文化理論述評》，臺北：麥田出版社，2005年，第二版。

李銀河《女性主義》，臺北：五南圖書公司，2004年。

唐力權，《周易與懷德海之間》，臺北：黎明文化公司，1989年。

李銀河《女性主義》，臺北：五南圖書公司，2004年。

第五章 《關於文化創傷的人文療癒面向
——以記憶來看》——以灣生為例

前言

　　生命記憶長河上，記憶主體必須承載著生命記憶故事的使命。如果他不記憶，拒絕記憶分工，放棄個人記憶，也阻絕了集體記憶。而集體記憶是人在群體當中共同傳承的載具，因此我們在這篇文章裡探討記憶與遺忘，特別在歷史當中，面對事件發生所造成的文化創傷記憶，人們如何經歷及面對，生命史是如何被創造出來的呢？人們怎麼去抉擇以至於面對過去不再遺憾，也能夠產生勇氣面對現在，更對未來有盼望呢？這樣的思維記憶療癒成了不可避免的任務，面對創傷記憶——「指對生活中具有嚴重傷害性事件的記憶」，特別在文化歷史當中的重要戰爭事件，人們如何在個人和群體經歷皆難以抹滅痕跡的可怕事件中，讓記憶選擇成為正面積極動力，邁向他們的未來呢？記憶那一段歷史呢？歷史能夠被符號化的邊界究竟在哪裡？我們又應當如何界定歷史的記憶？歷史記憶會出錯嗎？我們又該如何緬懷歷史呢？

壹、灣生事件介紹

一、何謂灣生

　　「灣生」指的是1895年到1946年在臺灣出生的日本人，灣生的族群乃是指日本人移民來臺灣，爾後落地在臺灣，在臺灣生出的第二代。[1]這群人是

---

[1] 王鵬龍，〈灣生思鄉分析：以《灣生回家》和《南風如歌》為例〉，發表於「第十屆臺師大暨國北教大臺文系所研究生論文發表會」（臺北：國立臺灣師範大學文學院主辦，2016年4月30至5月

沒有被記載的，被忽略的一群人。「灣生」因田中實加的紀錄片《灣生回家》，而聲名大噪起來。[2]

　　儘管後來因為田中實加的欺騙事件，而引發大家對灣生史實再度察考，但若根據其他書如《南風如歌》、[3]《灣生回家》、[4]《日治臺灣生活史：日本女人在臺灣》、《同化的同床異鄉：日治時期臺灣的語言政策、近代化與認同》、[5]《臺灣的日本農業移民（1905-1945）：以官營移民為中心》、[6]〈日本人的臺灣經驗──日治時期的移民村〉，[7]的確隱約存在這樣的一群人，這群人的身分界定模糊，這群日本人更明顯認同臺灣，或者說是情感記憶上偏愛臺灣。

　　原始史料搜集而成的紀錄片，其背景考察以復原當時歷史場景，導演藉由歷史文獻和他們的知識與經驗從各個角度重返那段歷史。然而這段歷史卻再也不復返，它不能藉由文藝、影視來原封不動復原，但可以言說記憶方式貼近真實歷史，並且借助符號化行為來重構這段歷史記憶。

二、灣生記憶主體應承載生命記憶使命

　　灣生事件是探討遣返記憶的事件，在此事件之下我們反省了時空錯位之下的人們如何建構屬己的記憶，以及為何建構出這樣的記憶、這樣的記憶本身與歷史紀錄有何差異。首先我們對記憶與歷史做分析。這也就是探討著：

　　1日），頁120。

[2]　黃永豪，〈田中實加，《灣生回家》〉，載於《歷史人類學學刊》第13卷第2期（2015年10月），頁211。

[3]　這是離臺時僅十二歲的鈴木怜子與中島道一的記憶，是出生於臺灣或生長於臺灣的日本人下一代的「帝國解體世代」，即為灣生，他們後來被遣返母國，寫下對臺灣的記憶。參考鈴木怜子著，邱慎譯，《南風如歌：一位日本阿嬤的臺灣鄉愁》（臺北：蔚藍文化出版社，2014年）。

[4]　田中實加，《灣生回家》（臺北：遠流出版社，2014年10月）。

[5]　陳培豐，《同化的同床異鄉：日治時期臺灣的語言政策、近代化與認同》（臺北：麥田出版社，2006年10月），頁17-18。當中說到「同化」指的是十九世紀歐美殖民地政策中的「assimailation」，一方面排除暴力的統治，一方面進行殖民的同質化措施。

[6]　張素玢，《臺灣的日本農業移民（1905-1945）：以官營移民為中心》（臺北：國史館，2001年），頁21。

[7]　收入於戴寶村編，《臺灣歷史的鏡與窗》（臺北：國家展望文教基金會，2002年），頁136-145。

記憶哪一段歷史呢？歷史能夠被符號化的邊界究竟在哪裡？我們又應當如何界定歷史的記憶？歷史記憶會出錯嗎？我們又該如何緬懷歷史呢？誠如趙靜蓉所言：「記憶哪一段歷史呢？歷史能夠被符號化的邊界究竟在哪裡？我們又應當如何界定歷史的記憶？在此，記憶危機不僅指橫互於歷史真實的建構者——如作者、導演等表述記憶的主體——的主體性本身及其背後所隱藏著各種社會關係所造成的、無可規避的記憶的傾向性。我們都知道，每一個試圖構建歷史的人都不是一張白紙，而試圖借助於構建記憶來構建歷史，更是一種不言而喻、複雜的主觀性行為。」[8]

灣生事件是件事實，他不在正史上被記載，但若是身為灣生人，身為記憶主體，他必須承載著生命記憶故事的使命。換句話說，我們必須記得，若一個人不能記得自己生命史，將記憶遺忘，那麼記憶的失落將成為遺憾，也將歷史某段空白起來。每項記憶都設法回復記憶，然而記憶不斷再刷新自己，每個世代裡，記憶都有自己的軌跡，依著情感及歸屬，使我們昇華且活在集體及團體之中，自動歸劃且生成的，它不是被動刻印而銘記下來，它是主動追尋意義自我認同之旅。

三、記憶倫理向度：由個人到集體記憶的建構

記憶對個人生命體驗很重要，如果他不記憶，拒絕記憶分工，放棄個人記憶，也阻絕了集體記憶。按倫理學家馬格利特在《記憶的倫理》說到，集體記憶可以分為共同記憶及分享記憶，共同記憶是指所有人親歷者或目擊者記得同一件事，這成了絕大多數集體記憶，而分享記憶除了聚合個體記憶外還要對個體記憶進行校準或修正，在公共開放空間可供交流及討論話題。[9]

灣生在過去還不能成為徹底的共同話題，而在公共空間裡交流與討論，但逐漸上升成為社會層面可以被反思或梳理，它過去存在於一小群體的共同記憶或集體記憶，可以在這小群裡被共享或討論或交流，但仍缺乏廣泛的對

---

8   趙靜蓉，《文化記憶與身分認同》（北京：生活・讀書・新知三聯書店，2015年11月），頁75。

9   Avishai Margalit, *The Ethics of Memory*, Cambridge: Harvard University Press, 2002, pp.51-52.

話溝通的機制。[10]

《灣生回家》無疑地拋出了訪談中的受訪者人物心情紀錄，無論是臺灣人或者日本人在殖民之後，面對當時生活世界的探討，它屬於集體記憶的一環，也成了共同記憶與分享記憶的一部分，由訪談口述中，在歷史者的見證說法中來保持歷史，也在歷史的微末記憶裡通過片段的描述來瞭解歷史，分享之前的記憶。

記憶的分工決定了記憶的倫理向度，分工分為共時性分工與歷時性分工，共時性是指親歷者的見證、目擊及口述方式來保存歷史，而歷時性分工則是指沒有親身經歷者可以通過敘述的途徑來瞭解歷史、分享前的記憶。[11]

貳、灣生事件當中透顯出文化創傷記憶的復建：集體記憶的重建

一、灣生事件是文化創傷記憶

《灣生回家》是個找尋及回歸的故事紀錄片，它回到了身分的起源地重新修復了因戰爭事件而產生的分離創傷，這是文化創傷記憶。首先我們先解釋何謂「文化創傷」。根據美國社會學家傑弗里・亞歷山大（Jeffrey C. Alexander）2004年的《文化創傷與集體認同》中的〈文化創傷〉說到它的發生：「當個人和群體覺得他們經歷可怕的事件，在群體意識留下難以抹滅的痕跡，成為永久的記憶，根本且無可逆轉地改變了他們的未來，文化創傷（cultural trauma）就發生了」。[12]

也因此我們可以說《灣生回家》這裡涉及了在歷史當中，面對事件發生所造成的文化創傷記憶。文化創傷記憶探討著人們如何經歷及面對創傷，特別是戰爭的創傷，如：在戰後灣生人如何面對離開創傷？這樣的灣生生命史是如何被創造出來的呢？當我們重新回溯生命史，或者透過歷史紀錄片的建

---

[10] 記憶在此只能以碎片式、個體化的、片面反映過去歷史。

[11] 趙靜蓉，《文化記憶與身分認同》（北京：生活・讀書・新知三聯書店，2015年11月），頁97。

[12] [美]傑弗里・亞歷山大著，王志弘譯，〈邁向文化創傷理論〉，原文為《文化創傷與集體認同》（University of California Press, 2004）一書導論，轉引自陶東風、周憲主編：《文化研究》第11輯（北京：社會科學文獻出版社，2011年），頁11。

構記憶並且縫補記憶時，彷彿也走了一趟記憶人文療癒面向。

二、《灣生回家》拍攝的重要性

　　灣生事件當事人至少現在還能找到，過十年、二十年，可能再也找不到了，因此灣生事件紀錄片肯定在拍攝意義上是有價值的。對灣生事件的記憶必須記錄下來形成歷史，而這些都能夠在回憶見證人還在之時，努力挖掘並使之呈現出來。不為別人，而是為了成千上萬的臺灣人，可以瞥見這段可能的歷史，縱使田中實加的記憶可能出錯，這篇不在探討田中實加將自己本身假想為日本人這件事的事實與否，而是我們將由此事件中，引發我們探討在時空錯位之下的人們，如何建構自己的記憶本身，以及為何建構出這樣的記憶、這樣的記憶本身與歷史紀錄有何差異。因為如同哈布瓦赫說到：

> 「歷史是對已經發生的事件的記錄，這些事件占據了人們記憶的大部
> 分空間。……只有當一段時期的歷史、一個社會的歷史乃至於某個人
> 的歷史處於太遙遠的過去，以至於人們不能不指望在他們生活的環境
> 裡還能找出許多對那些歷史至少還有一點回憶的見證人時，我們才需
> 要將這些歷史寫下來。」[13]

　　這些即將消逝的事件見證，將有助於個體記憶，也決定了歷史書寫方式，而這些歷史記憶與文化生產也慢慢生成，成了我們情境。如同趙靜蓉所說的：「歷史的書寫提供了個體記憶的可能性，決定了集體記憶的背景，而記憶傳播與接續又固化了歷史知識，對世人塑造某種被期待的知識體系和價值結構形成強有力支撐。歷史記憶或文化生產就這樣一步步、一代代地成形，最終構成我們所身處其中的現實環境。」[14]

　　訪問灣生人作為事件本身當事人，他們被借位形構出我們對後殖民的矛

---

[13] [法]莫里斯‧哈布瓦赫：〈集體記憶與歷史記憶〉，載於[德]阿斯特莉斯‧埃爾‧馮亞琳主編：《文化記憶理論讀本》（北京：北京大學出版社，2012年），頁86-87。

[14] 趙靜蓉，《文化記憶與身分認同》（北京：生活‧讀書‧新知三聯書店，2015年11月），頁61。

盾情感，一個被殖民的國度因著這些灣生人情感投射，而產生對自己家園的認同情感，這樣的拒斥形成了某些背反力量，紀錄片寬慰了對於遙遠國度裡，灣生人自己未被認同而在此國度卻親如兄弟姐妹的遺憾感。

　　在生命記憶長河上，記憶主體必須承載著生命記憶的故事的使命。每一個經歷灣生的人，必須以各自閃光燈方式將自己的記憶連接到對灣生的分享記憶去，即使閃光燈的記憶並不全然可靠，但只要敘述記錄，成為信息流通並交流，它就是有用的歷史證據。如果他不記憶，拒絕記憶分工，放棄個人記憶，也阻絕了集體記憶。[15]

三、由《灣生回家》來看集體記憶的建構

　　集體記憶是人在群體當中共同傳承的載具。灣生自己本身或者接觸灣生的人都會產生集體對此身分的記憶。談到集體記憶，不能不提到莫里斯‧哈布瓦赫（Maurice Halbwachs, 1877-1945），他在1925年一篇〈記憶的社會框架〉提到「集體記憶」的概念，他將記憶由個人、心理學領域上提到集體社會的領域，他認為：

> 「記憶是一種社會建構產物，人類的記憶必須依靠社會化的情境和交流才能實現。集體記憶不是神祕群體思想，但記憶的數量與群體的數量一樣多，……這些根植在特定群體情境中的個體，也是利用這個情境去記憶或再現過去的。」[16]

　　不同群體有著不同記憶，這些根植於特定群體裡，不斷在社會情境當中交流，在情境中去記憶或者再現過去，它保存著生活記憶，通過連續關係，使我們有所認同。每個人都得記憶，透過灣生事件，我們回溯記憶，看到每個人記得了些什麼、集體記憶裡又承載著多少屬於每個人的記憶呢，也許可

---

[15]　徐賁，《人從什麼理由來記憶》（長春：吉林出版集團有限公司，2008年），頁11。

[16]　[法]莫里斯‧哈布瓦赫著，畢然、郭金華譯，《論集體記憶‧導論》（上海：上海人民出版社，2002年），頁40。

能會出錯，但這些都存在每個生命共同體裡，屬於你、我與他之間，穿越了
時空的阻礙，而讓當下記憶湧現，使我們認同感得以建立，得以歸屬，得以
終生長存於腦海中。所以哈布瓦赫以為：

> 「我們保存著對自己生活的各個時期的記憶，這些記憶不停地再現；
> 通過它們，就像是通過一種連續的關係，我們的認同感得以終生長
> 存。」[17]

參、寫在灣生事件的新史學建構之前的記憶與歷史認識

　　不可否認地，灣生事件史實記載，含藏錯落資料的可能性，然而不可能
因為這錯落資料而忽略了活生生灣生人的記憶，而將歷史埋藏於大海之中，
進而失去了對這段歷史的正視。

一、建構集體記憶的新史學

　　《灣生回家》就是一項注入新臺灣歷史生命事件的紀錄片，若這件事不
被記錄，不給予存有的記得，那麼終究使意義湮沒在歷史長河之中，而失去
了復活的機會。如勒高夫評價哈布瓦赫的《論集體記憶》，將集體記憶為新
史學發展的研究對象，他說到：

> 「在歷史領域內，在有關歷史時間新觀念的影響下，一種新的歷
> 史編纂學形式發展起來了，這就是『歷史的歷史』，實際上就是研究
> 某個歷史現象是如何集體記憶所操縱的。」
> 「構成社會、政治環境的國家，以及有著歷史經歷的社群或者代
> 代繁衍的群落，都會根據不同的用途來建立各自的檔案，從而形成了

---

[17] [法]莫里斯・哈布瓦赫著，畢然、郭金華譯，《論集體記憶》（上海：上海人民出版社，2002
年），頁82。

記憶。」[18]

二、記憶與歷史不同

　　二十世紀八〇年代的法國歷史學家皮埃爾・諾拉（Pierre Nora）看來，記憶與歷史兩者是不同概念：「歷史總是對記憶質疑，歷史的真實使命是破壞記憶，驅趕記憶。歷史是一個對曾經存在過的過去去除合理性的過程。」[19]

　　據諾拉意見，歷史乃是質疑記憶，它是一種破壞記憶，它是對不再存在的事物不完整重構，而記憶是由鮮活群體承載，記憶具有神祕情感。

　　諾拉甚至認為歷史與記憶是相對的概念：

> 「記憶是生活：它總是由鮮活群體所承載，因此一直在發展，……而歷史始終是對不再存在的事物的有問題的不完整的重構。記憶始終是一個當前的現象，一個永遠經歷在當下的關係。相反，歷史代表著過去。因為記憶是有感情而神祕的，因此記憶中只包含著強化它的各種細節：記憶攫取各式的回憶，不精細、混雜的、整體或不穩定的、特殊的或有象徵性的，並可以轉載、消失、截取或投影。歷史是一種世俗的智力程序，因此歷史需要分析和批判性的論證。記憶使回憶神聖起來，而歷史卻相反，它去除了回憶的神祕。」[20]

三、允許記憶可能會出錯

　　記憶不一定是真實的，像楊治良說到日常生活中錯誤記憶有可能出於詞

---

[18] [法]雅克・勒高夫著，方仁杰、倪復生譯，《歷史與記憶》（北京：中國人民大學出版社，2010年），頁108-110。

[19] [法]皮埃爾・諾拉，〈歷史與記憶之間：記憶之場〉，載於[德]阿斯莉特・埃爾、馮亞琳主編：《文化記憶讀本・前言》（北京：北京大學出版社，2012年），頁95-96。

[20] [法]皮埃爾・諾拉〈歷史與記憶之間：記憶場〉，載於[德]阿斯特莉斯・埃爾・馮亞琳主編：《文化記憶理論讀本》（北京：北京大學出版社，2012年），頁95-96。

語遮蔽、想像膨脹、目擊證人出錯以及童年記憶壓抑等問題。[21]這誠如喬納森・福斯特所言：

> 「記憶是一個自上而下的系統，受到我們心理定勢（mental set）的影響，被種種偏見、刻板印象、信仰、態度和思想所左右；記憶同時還是一個自下而上的系統，受到感官輸入的影響。換言之，記憶並非僅僅由源於我們物理環境的感官信息所驅動，人們被動接受這些信息並將其存放在記憶庫裡；相反，根據我們過往知識和偏見的影響，我們為接收到的信息強行賦予了意義，從而改寫了我們的記憶，使其更符合我們對世界的看法。」

更多時候，我們進行著重建記憶的可能性，依緣著我們預期或期望以及心理定勢進行記憶的重建，或者依著感官重建記憶，它是由上到下及下到上的系統交互影響著，不是被動接受信息，而是依著知識與偏見賦予意義，甚至改寫了記憶，所以記憶不一定準確。然而記憶雖然有知識與偏見形成，但它是我們面對世界看法。記憶對個人生命體驗很重要。

記憶會保留鮮明細節，記住內容乃在原有事件的影響，自己精心加工後的產物，它帶有感情與神祕，它擷取各式混雜、不穩定、不精細及象徵地特殊性的回憶，它使回憶神聖，這樣的記憶本身是重建，而非再現。記憶過事件或者故事的記憶不是複製，而是依著預期或期望以及心理定勢而進行的重建。若是依巴特利特的觀點來看：人們會依觀察到事件賦予意義，這影響事件的記憶。[22]另外，我們也會發現灣生故事紀錄會設法變得連貫，會將熟悉的材料與腦海中已存在的想法、知識與文化上的預設聯繫起來。而對灣生人的反應與感受，也會影響著對此事件的追憶。誠如英國心理學家巴特列特所認為：

> 「記憶是對往事的想像性質的重構，回憶活動……不僅決定於特定往

---

[21]　楊治良等編著：《記憶心理學》（上海：華東師範大學出版社，2012年，第三版），頁69。

[22]　間引自[澳]喬納森・福斯特著，劉嘉譯，《記憶》（南京：譯林出版社，2016年3月），頁11-12。

事的內容，而且同樣地也決定回憶者的態度——他應該會發生什麼以及什麼才有可能發生的預期和一般的知識。」[23]

四、建立流動記憶的可能性

英國社學家齊格蒙特‧鮑曼2000年系列作品提到這世代具有流動性。[24]換句話說，我們在流動的世代裡，結構與共同體消失的世代裡，如何建構出臺灣人的身分認同，不再是僵化的記憶所鎖定，也不再是固定框架來讓異鄉人有家歸不得，我們希冀更多人歸屬與認同，那麼就必須重建出流動集體生命記憶來。[25]記憶不全然是過去死的記憶本身，它有著身分指向，關於自身的生命敘事，透過灣生人的記憶，我們建構了原本缺損那塊記憶本身，保留生命印跡，努力成全了共同體的生命敘事，從而獲得一種溝通對話與交流的機制，這是流動的記憶的功效。記憶有可能出錯，也有可能是故意出錯，而所有的記憶都是受到心理定勢，在感官信息驅動之下向著流動的身分前進，而這歸劃與生成都有著背後的政治選擇，或者說是集體記憶的操控（自覺或者不自覺方式）。

肆、灣生事件的新史學建構：重建家園記憶

創傷記憶：「指對生活中具有嚴重傷害性事件的記憶。」[26]面對創傷記憶，特別在文化歷史當中的重要戰爭事件，人們如何在個人和群體經歷皆難以抹滅痕跡的可怕事件中，讓記憶選擇成為正面積極動力，邁向他們的未來呢？在歷史當中，面對事件發生所造成的文化創傷記憶，人們如何經歷及面

[23] 轉引自[美]丹尼爾‧夏克特著，高申春譯，《找尋逝去的自我：大腦、心靈和往事的記憶》（長春：吉林人民出版社，1998年），頁96-97。

[24] [英]齊格蒙特‧鮑曼，谷蕾、武媛媛譯，《流動的時代‧序言》（南京：江蘇人民出版社，2012年），頁1-5。

[25] 聶雅婷，〈臺灣主體性探討——一場關於文化與哲學探究〉，收入於《文明探索》第78卷（臺北：光敏書局，2017年4月）。

[26] 楊治良等編著：《記憶心理學》（上海：華東師範大學出版社，2012年，第三版），頁412。

對，生命史是如何被創造出來的呢？人們怎麼去抉擇以至於面對過去不再遺憾，也能夠產生勇氣面對現在，更對未來有盼望呢？這樣面對創傷記憶便是進行人文思維療癒計劃。

一、面對文化創傷記憶

　　我們所談的灣生事件的記憶主體，主體文化創傷是文化斷裂後所產生的創傷。特別是二十世紀文化創傷就是關於戰爭記憶，或是因為戰爭所發生的創傷。像是灣生事件，所有親歷者因此片子被聚合起來，而形成對灣生的共同記憶，這共同記憶像是閃光燈記憶，[27]透過不同細節裡復原出事件的輪廓與面貌，被聚合的記憶成為同一件事件的目擊或親歷者，將破碎的印象記憶整合出整體的記憶，讓我們對這個事件有整體性認知，而塑造出我們對過去的共同想像和記憶。現今的臺灣人雖然非歷史的親歷者或見證人，但也無法逃脫對歷史遺產的承擔，面對反思歷史是沉重職責，或許灣生拍攝的手法有情境限制，但是就臺灣人在歷史遺產繼承者無法迴避、直接或者間接的與歷史事件關係，也就是說我不能不看這段歷史，這是我的國家、民族所經歷過的事件，我們不是親歷者，也是廣泛的當事者。

　　在生命記憶長河上，記憶主體必須承載著生命記憶故事的使命。每一個經歷灣生的人必須以各自閃光燈方式將自己的記憶連接到對灣生的分享記憶去，即使閃光燈的記憶並不全然可靠，但只要敘述記錄，成為信息流通並交流，它就是有用的歷史證據。如果他不記憶，拒絕記憶分工，放棄個人記憶，也阻絕了集體記憶。[28]

---

[27] 創傷記憶常與閃光燈記憶（Flashbulb Memories）結合一起談。所謂「閃光燈記憶」是指：「有新聞價值的創傷性事件（特殊的、重要的、令人吃驚的事件）的體驗者，不僅能夠回憶起事件本身，而且能夠回憶起事件發生時具體場景的現象。」引自楊治良等編著：《記憶心理學》（上海：華東師範大學出版，2012年，第三版），頁388、416。

[28] 徐賁，《人從什麼理由來記憶》（長春：吉林出版集團有限公司，2008年），頁11。

二、記憶的重要性

　　記憶是種自動規劃或生成的事，它有規範性，自動歸屬的性質，也就是說我們必須有記憶，才能自動規劃成為某群體，建構其自我認同。丹尼爾・夏克特認為：

> 「記憶是我們大腦企圖理解經驗並將往事經驗織織成連貫敘事故事的核心職責之一。所有這些故事都是有關我們自身的，並因而構成我們如何理解自我的強大決定因素。」[29]

所以誠如揚・阿斯曼說到：

> 「記憶，使人類得以昇華在集體和團體中，而生活在集體和團體中又令我們能夠建造記憶。這種記憶和歸屬之間的聯繫不僅僅如哈布瓦赫所說，是種自我歸劃或自動生成的事情，它也是一種政治基礎或政治組織。記憶和歸屬都有規範化的方面，如果你想歸屬，那你必須記住。」[30]

　　由灣生事件，我們看到了重建家園記憶的重要性，它使有所歸屬，不再成為浮萍，不再成為飄浮無根者。重建這段記憶等於是身分認同的重建工程，重建記憶轉型正義的重要環節，當我們面臨戰爭的生離死別所造成的文化創傷，便需要誠實面對文化創傷的影響。人文療癒計劃便是由記憶切入，灣生故事的尋根記憶使得當時親歷目擊者再度溫習過往事件，以及中間斷落的生命臍帶藉由後來的拍攝訪談當事人重新連結，建立較完整的生命敘事。

---

[29] [美]丹尼爾・夏克特著，高申春譯，《找尋逝去的自我：大腦、心靈和往事的記憶》（長春：吉林人民出版社，1998年），頁356。

[30] Jan Assmann, "Communicative and Cultural Memory", in Peter Meusburger, Michael Hefernan & Edgar Wunder, eds., *Cultural Memories: the Geographical Point of View*, Heidelberg, London & New York: Springer, 2011, p.23, p.16.

這樣的記憶使得情感昇華在團體及社群中，而因著這樣的情感昇華又再度加強了生活在當中的共同體生命，而這連結著記憶，使得這共同體得以成為較為厚實的政治實體。因為記憶的集體情感昇華，在團體或社群中的認同感，將透過這些不斷重溫記憶及尋根事件建立歸屬感：你屬於此時此地，你與這塊土地之間其實生死與共，而你要記住這樣的連結，這是你的歸屬。

三、別鎖在自我倒影單一記憶中

　　列維那斯探討何謂「自戀主體」（the narcissistic subject），由列維那斯說法看出為何要由自戀主體的我走出：「列維那斯認為自戀主體是一個強調自主性記的笛卡兒我思主體。一如希臘傳說中的那位愛上記憶池塘水面上自我倒影的美子納西瑟斯（Narcissus），迷戀上自我美好的回想與沉思中，將同一的記憶意識視為首要的生命樣態。」[31]列維那斯的自我是膨脹的自戀自我，這自戀自我有如同未經知識洗禮的我存在，是在洞穴的我，而這樣的我正如同神話裡的納西瑟斯般自戀、偏執且自我陶醉，活在封閉自我記憶與幻想中流動存有樣態，切斷與他人和世界的自我連結，沉浸在於自身記憶的象牙塔裡，變得冷酷無情，這是自我記憶的虛構的主體符號，無止盡漫遊於相似性的生命之河，無能召喚被主體存有遺忘的時間他性，一種只能永恆回歸於同一記憶意識的僵化幻想力。[32]

　　過去的歷史是破壞記憶且驅趕記憶，在歷史主流大敘事之下，往往有些史實是被隱藏或者邊緣化之後被視為不合理的歷史史實，這樣的歷史總是對不再存在事物進行有問題且不完整的重構。因此，若要回復轉型正義，必須正視不完整的歷史進行復育的重構歷史計劃。藉由灣生的拍攝，趁尚能找到歷史親歷的見證人，讓歷史復育，或者是說讓記憶活生生重建，而並非只是鎖定在過去歷史單一定型事件中。單一定型事件意味著建構過去否認殖民化

---

[31] Levinas, Emmanuel. Collected Philosophical Papers. Trans. Alphonso Lingis. Dordrecht, Bostonn and London: Kluwer Academic Publication, 1993, pp.49-53.

[32] Levinas, Emmanuel. Otherwise Than Being: Or Beyond Essence.Trans. Alphonso Lingis. The Hague: Martinus Nijhoff, 1981, p.81.

的現象的僵化的自我認同，當我們否認殖民之後人民的整體認知，那麼隱藏在歷史大敘事的後殖民幽靈便隨時復甦，啃食我們對歷史的認知，而影響到身分認同感，那麼身分在這塊只能東躲西藏，成為無魂無體的中空人。因此，這段蒼白歷史解讀，我借用列維那的說法，也就是當我們不正視歷史潛藏的記憶的可能性，那活生生記憶沉默，就是進入洞穴中的我，活在封閉的自我記憶及幻想中，成為偏執且自我陶醉的主體，我是笛卡兒我思的自戀主體，這是同一僵化主體，同一僵化的主體不能認同差異，或者無視於差異的無情主體。

四、面對家的記憶：在時代滾輪中的家園的記憶

灣生人所認同的臺灣情感歸屬是屬己的生命史，依緣著每個人不同感受而發生，藉由紀錄片的溯源更加引發土地成長背景的連結，而這些都是不可抹滅的一段記憶。哈布瓦赫說道：

> 「歷史是對已經發生的事件的記錄，這些事件占據了人們記憶的大部分空間。……只有當一段時期的歷史、一個社會的歷史乃至於某個人的歷史處於太遙遠的過去，以至於人們不能不指望在他們生活的環境裡還能找出許多對那些歷史至少還有一點回憶的見證人時，我們才需要將這些歷史寫下來。」（同註13）

透過記憶形塑我們的生命敘事，追求認同感乃是心理的歸趨，有助於我們健康心靈的建構，當我們自動歸劃、融入集體之中，而在集體之中感到安身立命之感，使我們有著基本座標軸時，那這種家園感受會激發人無限潛能，使我們倍感安全。

灣生事件是件事實，它不在正史上被記載，但若是身為灣生人，身為記憶主體，他必須承載著生命記憶故事的使命。換句話說，我們必須記得，若一個人不能記得自己生命史，將記憶遺忘，那麼記憶的失落將成為遺憾，也將歷史某段空白起來。記憶對個人生命體驗很重要，如果他不記憶，拒絕記

憶分工，放棄個人記憶，也阻絕了集體記憶。

　　灣生人代表著有段歷史是失落且邊緣化的，因此找回這些回憶及見證人才能拼貼出原來偏落的歷史記憶，這是活生生記憶的重建。《灣生回家》紀錄拍攝乃是對於已發生事件挖掘計劃，趁著尚有見證人，記憶還鮮活時，來拼貼出歷史的斷簡殘篇。歷史不是只有主流敘述而已，歷史不是只有一個歷史的敘述，既是歷史，那必然有偏落的可能性。因此由記憶中找尋，由蛛絲馬跡拼貼出屬於這島嶼的感人敘事故事，以喚起對島嶼的身分認同；而這正是面對殖民後，因著戰亂的文化創傷所進行的人文療癒計劃——重建家園記憶，以建構歸屬感的生命共同體的新史學建構藍圖；這對自我認同很重要，它使臺灣不再是撕裂，而得以地下莖的精神擴成為真正關懷的一家人。

總結：學會事件詮釋，不再存有遺忘而是真正記得後的原諒

　　趙靜蓉說到，創傷記憶有三個特性：就是個體性、親歷性與情緒性；其中最重要的是記憶主體親歷性，它對記憶源頭、傳播及真實性提供了絕對的支撐，甚至在不同身分記憶如何承擔記憶的傳承問題有了論爭，就好比是說它成了親日及親大陸的兩份論爭。而創傷記憶最主要還是在創傷，所有記憶主體都是受害者，形成一種姿態或是立場。親歷是客觀呈現，賦予某種絕對優勢或權威，這種超越的價值判斷，驗證歷史可信度。然而歷史可以說是選擇的意識行為，而創傷記憶也無法逃被模糊化或改寫命運，誠如灣生事件久遠考察，有些人、事、地及物模糊或誤植資料成為不可免的狀態。[33]

　　灣生事件就是一個文化記憶，屬於日本人與臺灣人共同的文化記憶，是對於真的事實的回憶，證實了這段被記住的過去；通過這紀錄片，人們集體理解及建構共享過去，是在社會互動之下彼此交流傳達出的歷史記憶，而這記憶確認了彼此的集體身分。

　　事實上，人們會依著觀察的事件而賦予意義，由灣生眼中所觀察人物、時空背景，即是他們以自己經驗記錄臺灣生活的點滴。因此《灣生回家》就

---

[33] 趙靜蓉，《文化記憶與身分認同》（北京：生活・讀書・新知三聯書店，2015年11月），頁98-99。

是一項注入新臺灣歷史生命事件的紀錄片，若這件事不被記錄，不給予存有的記得，那麼終究使意義湮沒在歷史長河之中，而失去了復活的機會。

　　灣生事件透過歷時與共時分工，我們補綴那段遺忘的歷史記憶，而喚起共同的記憶，也召喚起受傷及分離放逐的靈魂，我們承載屬於這片土地的生活世界，這樣搜集起來的記憶片段，由不同人敘說著，從《灣生回家》的書及紀錄片搜集著，當中錯落的記憶也彼此印證及批評，引發更多的回憶與共鳴。莫里斯・哈布瓦赫（Maurice Halbwachs）說得好，唯有如此，才能成為共同體鮮活回憶，得趁著人物還未徹底遺忘之時，才能將之登錄進去，記憶的共同體留存之後，對戰爭的抗爭才能挺出生命的有理來。不同世代的逃亡，彼此不原諒，那麼倒不如好好諒解，才能真正由記憶中走過，不至於遺忘存有，也不至於彼此廝殺，終究是由我們繼續編寫歷史，敘說著生命本身。

參考書目：

Avishai Margalit, *The Ethics of Memory*, Cambridge: Harvard University Press, 2002.

Jan Assmann, "Communicative and Cultural Memory", in Peter Meusburger, Michael Hefernan & Edgar Wunder, eds., *Cultural Memories: the Geographical Point of View*, Heidelberg, London & New York: Springer, 2011.

Levinas, Emmanuel. *Collected Philosophical Papers*. Trans. Alphonso Lingis. Dordrecht, Bostonn and London: Kluwer Academic Publication, 1993.

Levinas, Emmanuel. *Otherwise Than Being: Or Beyond Essence*.Trans. Alphonso Lingis. The Hague: Martinus Nijhoff, 1981.

王鵬龍，〈灣生思鄉分析：以《灣生回家》和《南風如歌》為例〉，發表於「第十屆臺師大暨國北教大臺文系所研究生論文發表會」，臺北：國立臺灣師範大學文學院主辦，2016年4月30至5月1日。

黃永豪，〈田中實加，《灣生回家》〉，載於《歷史人類學學刊》第13卷第2期，2015年10月。

鈴木怜子著，邱慎譯，《南風如歌：一位日本阿嬤的臺灣鄉愁》，臺北：蔚藍文化出版社，2014年。

田中實加，《灣生回家》，臺北：遠流出版社，2014年10月。

陳培豐，《同化的同床異鄉：日治時期臺灣的語言政策、近代化與認同》，臺北：麥田出版社，2006年10月。

張素玢，《臺灣的日本農業移民（1905-1945）：以官營移民為中心》，臺北：國史館，2001年。

戴寶村編，《臺灣歷史的鏡與窗》，臺北：國家展望文教基金會，2002年。

趙靜蓉，《文化記憶與身分認同》，北京：生活・讀書・新知三聯書店，2015年11月。

[法]莫里斯・哈布瓦赫著，畢然、郭金華譯，《論集體記憶》，上海：上海人民出版社，2002年。

[法]雅克・勒高夫著，方仁杰、倪復生譯，《歷史與記憶》，北京：中國人民大學出版社，2010年。

[法]皮埃爾・諾拉，〈歷史與記憶之間：記憶之場〉，載於[德]阿斯莉特・埃爾、馮亞琳主編：《文化記憶讀本・前言》，北京：北京大學出版社，2012年。

[澳]喬納森・福斯特著，劉嘉譯，《記憶》，南京：譯林出版社，2016年3月。

[美]丹尼爾・夏克特著，高申春譯，《找尋逝去的自我：大腦、心靈和往事的記憶》，長春：吉林人民出版社，1998年。

[英]齊格蒙特・鮑曼，谷蕾、武媛媛譯，《流動的時代・序言》，南京：江蘇人民出版社，2012年。

聶雅婷，〈臺灣主體性探討──一場關於文化與哲學探究〉，收入於《文明探索》第78卷，臺北：光敏書局，2017年4月。

楊治良等編著：《記憶心理學》，上海：華東師範大學出版社，2012年，第三版。

徐賁，《人從什麼理由來記憶》，長春：吉林出版集團有限公司，2008年。

楊治良等編著：《記憶心理學》，上海：華東師範大學出版，2012年，第三版。

[美]丹尼爾・夏克特著，高申春譯，《找尋逝去的自我：大腦、心靈和往事的記憶》，長春：吉林人民出版社，1998年。

[美]傑弗里・亞歷山大著，王志弘譯，〈邁向文化創傷理論〉，原文為《文化創傷與集體認同》
（University of California Press, 2004）一書導論，轉引自陶東風、周憲主編：《文化研究》第11
輯，北京：社會科學文獻出版社，2011年。

[法]莫里斯・哈布瓦赫，〈集體記憶與歷史記憶〉，載於[德]阿斯特莉斯・埃爾・馮亞琳主編：《文
化記憶理論讀本》，北京：北京大學出版社，2012年。

第六章　走出「慰安婦」過去的詮釋角度
——建構關於「事件」省思

前言

　　目前臺灣慰安婦剩下兩名，此篇乃是思維慰安婦所遭遇到困境或說停滯不前的問題，此篇欲以「事件」角度取代過去人權方式探討慰安婦議題。關於「事件」乃是存在的揭露本身，過去我們被迫接受某種詮釋系統，以安住我們認同；隨著時代進展，我們應該穿越意識形態幻象，以建構真實的文化記憶本身，而這正是轉型正義真正強調部分；事件的看見需要後創傷主體的建構，打破慰安婦議題死結，重新走出慰安婦自己的姿態來。

關鍵字：事件、後創傷主體、想像共同體、父權、神話、文化記憶、幻象

壹、臺灣慰安婦目前處理狀態

一、臺灣慰安婦任務的停滯

　　目前臺灣慰安婦剩下兩名，兩名平均年齡九十一歲，為花蓮原住民。臺灣關懷慰安婦議題一直都是由民間團體所發動，最有名是1992年的婦援會團體。婦媛會在1992年投入慰安婦人權運動，為五十九位臺籍慰安婦爭取正義，至今完成了慰安婦調查報告、協助阿嬤與日本政府的跨海訴訟、阿嬤的十六年身心療癒工作坊等，當然也推動立法院通過「臺灣慰安婦決議文」，而在每年8月也會由民間團體去日本臺灣交流協會抗議，並且也出版多本阿嬤生命紀錄書籍，拍攝了《阿嬤的祕密》與《蘆葦之歌》，2004年投入慰安

婦紀念館的籌備，也在2016年12月10日世界人權日當天「阿嬤家——和平及女性人權館」[1]正式開幕，成為慰安婦人權運動的具體成果。2018年婦女救援基金會董事長黃淑玲說到，未來仍需要從於三大任務較忽略部分：

（一）研究、教育及倡議慰安婦人權運動的意義和重要性，傳達出慰安婦是軍事生奴隸制度的真相。

（二）作為人權教育的交流平臺、以國內外博物館與人權機構，使民眾瞭解世界人權迫害歷史與改善狀況。

（三）進行東京大審、臺灣慰安所調查、人口販運及家庭暴力等等女性人權議題研究。[2]

由這三大任務思維慰安婦所遭遇到困境或說停滯不前的問題，我想是這篇文章最重要的部分。這些任務說明慰安婦意義及重要性以及關於女性議題等，這些任務皆是由人權角度切入，然而由人權角度並未完全涵蓋慰安婦的核心議題焦點，因此本文另闢蹊徑，以「事件」角度，走出「慰安婦」過去的詮釋糾結點。

二、國際慰安婦之聲的記憶擱置

在聯合國教科文組織（UNESCO）在2017年10月30日公布了入選「世界記憶名錄」有八國十四個公民團體提出的慰安婦之聲（Voices of "Comfort Women"）的計劃無法入選，這次的計劃提出二千七百四十四件資料申錄，是史上規模最大，資料最完整的一次「世界記錄名錄」申請計劃，臺灣有二百七十一件檔案及文物，然而卻無法在正式歷史上留存全類共同記憶的歷史。[3]時至今日仍無法有效記憶，最大問題癥結點在哪裡呢？我想除了韓國

---

[1] 全球慰安婦議題倡議與人權運動至今有三十年，而各地也成立了慰安婦為主題的博物館或紀念館，裡頭蒐藏、整理及研究史料及證言紀錄，並且透過跨國連結、研究成果分享以傳遞這重要的人權史，2017年3月舉行第一屆慰安婦博物館會議。財團法人臺北市婦女救援社會福利事業基金會出版《救援創傷・推動改革——30婦援會2017年度執行報告專刊一》（臺北：財團法人臺北市婦女救援社會福利事業基金會，2018年）。內容引自該專刊，頁16-20。

[2] 財團法人臺北市婦女救援社會福利事業基金會，《救援創傷・推動改革——30婦援會2017年度執行報告專刊一》（臺北：財團法人臺北市婦女救援社會福利事業基金會，2018年）。

[3] 財團法人臺北市婦女救援社會福利事業基金會，《救援創傷・推動改革——30婦援會2017年度執

有效討回公道之外，其餘國家仍未有積極行動，這些受害最大國家——臺灣與中國，並未在朝野凝聚共識，以至於仍在這議題未有積極作為。這些是目前的慰安婦議題進行牛步原因。然而在1996年聯合國人權委員會別調員庫瑪拉絲瓦蜜就已經指出：「戰爭期間迫使婦女向武裝部隊提供，或供武裝部隊洩欲的性服務，是一種軍隊性奴役行徑。慰安婦應明確被視為一種性奴役制度。……認為『軍中性奴隸』一詞，更貼近反映出那些在戰爭期間每天遭受輪姦和殘酷虐待、淪為性奴隸的婦女受害者。」[4]慰安婦就是「軍中性奴隸」，她們被迫使只向武裝部隊提供性服務，她們是戰爭的受害者。

在1992年的慰安婦議題，仍是由民間團體發動較多，也就是說慰安婦議題仍然不是被共同認可的議題，各種質疑聲忽略了這樣的議題本身，例如慰安婦是主動或者被動，著重於個人意願的支微末節。因此它並沒有獲得朝野一致的共識，以至於未得到更有主流性力量與聲音來支持這項議題本身。

另外，這些交流平臺大抵由女性人權被壓迫的歷史著眼，這段歷史也並未獲得大力支持，以使得這項議題未能與博物館或人權機構進行相關合作或深度探討：慰安婦是不是一種人權？是何種人權？筆者以為慰安婦事件探討當然是人權，問題是我們得擴大或者溯源對人權的探討，或者說我們可以去問誰來制定人權？這個制定者本身是否就存在著霸權問題，特別是父權霸權的國家社會。若在父權國家社會裡，去索要人權的詮釋，或許這裡從沒有產生對稱平等的地位，怎麼可能可以有我們所要的人權呢？或者我們嘗試去想：若以為只是向戰敗國家日本來索討人權，那麼這樣的人權是否是過於狹窄？若不是狹窄人權的解釋，那麼我們如何由另一個角度來解構只由人權解釋的不足？這樣的不足的詮釋，使慰安婦爭取歷史的地位合法性因著種種議題自相矛盾而有所停滯。因為可能我們從來沒想到父權社會下，早已存在著對慰安婦事件文本詮釋解讀的不公允結構，不公允結構的偏見解讀絕不會只存在於敵對國家，它隱然地存在於生於斯、長於斯的慰安婦國家裡。換句

行報告專刊一》（臺北：財團法人臺北市婦女救援社會福利事業基金會，2018年），頁17。

4　引自於賴采兒等，《沉默的傷痕——日軍慰安婦歷史影像書》（臺北：商周出版社，2005年），頁33。聯合國人權委員會委員庫瑪拉絲瓦蜜（Radhika Coomaraswamy），《慰安婦事件調查報告》，1996年。

話，慰安婦在自己的父權國家社會詮釋裡，早已被污名化，不配得到人權的平等對待。

　　目前進行慰安所的調查或者研究仍是民間進行，東京大審後，國家機器並未取得合法位置去進行國與國之間法庭的調查計劃，也就是無法透過對等關係裡去進行合理訴求，目前這樣的處置方式，代表慰安婦的議題仍有困境，無法擺脫真正慰安婦的歷史的定位，以至於不斷模糊在人口販賣和家庭暴力其他看似相關、其他不相關的議題做討論。因此我認為可以另闢戰場，可以更名正言順來正視慰安婦議題。

貳、慰安婦由事件角度來看

　　「慰安婦」（comfort women）一詞其來有自，它來自於戰時日本政府新造語，由日本政府、軍部策劃，在統治及占領區，為官兵、軍屬提供性服務女子，[5]在戰爭時代存在的名詞。這個名詞卻未被積極地確認，這樣的名詞所引發一連串的抗爭與辯論，包含慰安婦實質在當時的功能性檢討，是該有不同角度來檢視這議題了。這篇文章主要焦點不是放在人權的探討，而是放在慰安婦事件何以不被官方承認和重視。我定調為慰安婦事件乃在於慰安婦不應只是名詞的掌握而已，它可以說是發生在戰爭期間，特別是二次世界大戰為因應戰爭狀態而存在的一群婦女，這群婦女在戰爭期間所發生不公平的對待事件，至今仍不被平反，我們稱之為「慰安婦事件」，它不是只在當時發生，它甚至是延續至今仍未獲得重視，它是慰安婦不公平事件本身。

一、事件乃是存在的揭露本身

　　是該有不一樣的聲音了，是該有人為慰安婦這群婦女在戰爭當中的貢獻有所定位，為其定位有所平反了。按齊澤克說法：海德格那兒，事件意味著存在的揭露（disclosure），因著揭露，意義的場域得以大開，這是我們對世

---

[5]　後藤乾一、高崎宗司、和田春樹共編：《政府調查「從事慰安婦」關係資料集成》第五卷（東京：龍溪書舍，1998年），頁203。

界的感知與關係的建構，而若按當代量子宇宙論則以為大原初事件才是創生宇宙萬物的可能性。[6]齊澤克指出大爆炸理論說明宇宙起源，這個宇宙說明宇宙源於奇點（singularity）。所謂「奇點」是指：「時空中的點或區域，在其中物質因重力的作用而趨向無窮致密。在奇點上，所有基於物理定律的計算都變得毫無意義，整個系統運動也變得無法預測。」[7]大爆炸是被無限壓迫的奇點發生的爆炸，所以齊澤克說到：「終極意義上的事件就是墮落本身，也就是說，只有當平衡被打破，系統出現異常之時，事物才會出現。」[8]

　　針對「慰安婦」事件，過去對詮釋事件的部分成為馴服體系的社會解讀時，那麼就是墮落本身，為了保持某種平衡，或者我們所謂的意識形態的幻象，我們被迫接受某種詮釋系統，以安住我們認同。好比莫雷在《穿越意識形態的幻象——齊澤克意識形態理論研究》中所言：「社會符號秩序賦予了我們生活於其中的現實以一致性，但是當前的形勢是『大他者』正在漸漸崩潰。……大他者的分裂產生了無數的小他者，面對著大他者的不一致性，意識形態的幻象就要竭力隱藏大他者的自相矛盾的事實。幻象的功能就是一道屏障，隱藏符號秩序的非一致性以及他者欲望的缺口。」[9]

二、事件需要有奇點大爆炸的詮釋——去除他者的霸凌幻象

　　事實上，臺灣政府對於日本政府處理慰安婦的態度，只止於外交辭令的譴責，並未有正式嚴正聲討，比較熱切的討論在於日本漫畫《臺灣論》的不當描述上。2001年2月，日本漫畫家小林善記在臺發行《臺灣論——新傲骨精神宣言》，書中引用奇美董事長許文龍等談話，記述臺灣婦女擔任慰安婦是非強迫性，而我們考察其論述，以及其著作本身偏離史實，也污衊了臺灣

---

[6] [斯洛文尼亞]斯拉沃熱・齊澤克（Slavoj Žižek）著，王師譯，《Event事件》（上海：上海文藝版社，2016年），頁6。

[7] [斯洛文尼亞]斯拉沃熱・齊澤克（Slavoj Žižek）著，王師譯，《Event事件》（上海：上海文藝版社，2016年），頁58。

[8] [斯洛文尼亞]斯拉沃熱・齊澤克（Slavoj Žižek）著，王師譯，《Event事件》（上海：上海文藝版社，2016年），頁63。

[9] 莫雷，《穿越意識形態的幻象——齊澤克意識形態理論研究》（北京：中國社會科學出版社，2012年），頁67。

婦女。[10]

　　事件需要有著大爆炸的解讀，大他者的分裂不容許再被忽略，這個在國家神話及父權至上的大他者需要重新再被打開，突破虛假的幻象，以找尋真正的安身立命的所在。慰安婦事件應在這世代當中重新被理解及詮釋，不應只有暴力的大他者的詮釋角度而已，而是在無限的他者的對話當中找出認同的方向，不應只是馴服體系的終極詮釋。這被迫事件應有個奇點，一個爆炸性解釋及詮釋角度，時間轉輪已到了必須為慰安婦平反時刻，將它由非主流民間探討轉向主流官方探討上。這代表奇點現出，慰安婦事件詮釋角度應該被重視，它代表著新眼光的遞移，由過去傳統觀看世界的觀點轉到當代精神分析、後現代、後殖民、女性主義及反霸權等的遊牧觀點來看女性角色與定位。這世代應身處一種暴露並且向他者開放的狀態，人們必須由虛幻塵網解脫，由虛假自我束縛爭脫出，使真實自我現身，慰安婦事件的省思，足以成為頓悟事件的可能性，使存在揭露，這存在揭露說明了新的可能性，它代表匯聚而成的觀點成了爆破的存在揭露的可能性，也代表著在密集封閉的父權意識形態下，女性存有自身的本體論的可能性，而這會破壞過去的穩定架構，過去剛性結構的父權穩性架構，反殖民文化之下對舊與新祖國矛盾情結，甚至也代表對自我同一性的重新再思維。

三、對慰安婦事件研究代表揭露觀念的死結──需要有新架構可能性

　　對慰安婦事件升溫代表著世界向我們呈現對此省思的變化？或者世界本身省思事件也有所變化乎？其升溫後足以翻轉的可能性又建構於種種可能性，我想更重要的是重新省思「以事件性的方式入手展現對事件的探討」，[11]以新的事件性詮釋眼光打開這死結（deadlock）。齊澤克甚至以黑格爾的「具體普遍性」說法來談到如何通過對自身的對抗（antagonism）、死

---

[10]　朱德蘭，《臺灣慰安婦》（臺北：五南圖書公司，2009年），頁35

[11]　[斯洛文尼亞]斯拉沃熱・齊澤克（Slavoj Žižek）著，王師譯《Event事件》（上海：上海文藝版社，2016年），頁6。

結與矛盾的處置來生成內容。[12]在歷史中糾結與矛盾的慰安婦事件，如何於邊緣與垂死狀態中證明自身，如何在記憶與歷史達到相符合的關鍵點，在於觀點的合拍，也就是黑格爾所講的達到具體普遍性。這樣的歷程其實必須打破主體意識形態的幻象，穿越幻象，勇於面對創傷，象徵秩序之穩定的創傷經驗，破除原先的同溫舒適圈，重新回到問題的根源。

　　時代不同於以往，觀點也應是不同。如同齊澤克所言：「事件涉及的是我們藉以看待並介入世界架構的變化。」[13]

　　慰安婦定位遭逢的問題，它代表著得另闢戰場來討論其歷史上定位。它不僅涉及只是慰安婦的人權問題，也不只是她們個人的身分認同問題而已，它代表著一個時代如何看待慰安婦事件，不只是人權看待而已，而是由權力架構去看待。這權力是大他者的霸權，這議題可說是審視如何以霸權方式去建構國家身分，如何以父權姿態去壓抑慰安婦女性的地位，如何以解消弱勢慰安婦主體性方式，去強化所謂父權或國家神話主體性的問題。

參、慰安婦事件的文化記憶

一、慰安婦事件

　　慰安婦不應只是名詞，她們是一群因戰爭而衍生的一群婦女，在當時慰安士兵的女人，她們不只存在於臺灣，而是存在於戰爭期間，因戰爭而以身體為戰場努力，去釋放因戰爭而創傷的士兵欲望，我們稱之為「慰安婦事件」；她絕對是因為戰爭而必須有一群女性被視為撫慰的工具，而成為戰爭的犧牲者。這些人並不被認同，然她們在歷史上的確存在著。因著日本二戰帝國主義侵略而普遍存在慰安士兵的一群婦女，一群性奴隸為男性服務。

　　關於她們的事蹟，因著戰爭而衍生延伸至今的不公平事件，我們應該稱

---

[12] [斯洛文尼亞]斯拉沃熱・齊澤克（Slavoj Žižek）著，王師譯《Event事件》（上海：上海文藝版社，2016年），頁6-7。

[13] [斯洛文尼亞]斯拉沃熱・齊澤克（Slavoj Žižek）著，王師譯《Event事件》（上海：上海文藝版社，2016年），頁13。

之為「慰安婦事件」。

　　今日「世界記憶名錄」仍無法留存慰安婦事件的正式記憶，這群因著戰爭而劫後餘生的婦女即將灰飛煙滅其事蹟，成為一個不存在的鬼故事時，我們要加快腳步探討這死結原因，使她們的史蹟能正式被記憶。所以我們應以「事件」角度來重新獲得詮釋的正當性，它是存在的揭露本身，是在壓迫之下，一個存有事件浮出，如此才能使記憶在世界留名。

二、不讓慰安婦事件成了鬼故事

　　慰安婦事件成了鬼故事。

（一）歷史上不被留存的記憶

　　未列入聯合國教科文組織的慰安婦事件檔案，並未停止繼續檔案搜集。我想它所搜集的資料代表著：這群慰安婦的回憶是個人的也是集體的，越記憶就越能倍增及擴大的。它是空間內對這群阿嬤姿態、圖片及物體的記憶，它是具體的，也是絕對可查考的資料庫存。而歷史雖是普遍但它只專注於時間上的連續性，它跳過非主流關懷，直接進入它的相對陳述上。所以哈布瓦赫堅持說到：「記憶產生於一個群體。」「借用莫里斯・哈瓦布赫的話：記憶的數量和人類群體的數量一樣；記憶天生就是能擴大和倍增的，它是集體性的、大批量的，然而又是個性化了的。相反，歷史屬於所有人同時又不屬於任何人；它是普遍的、一般的。記憶黏附於具體的事物，依附於空間、姿態、圖片和物體。歷史僅僅專注於時間上的連續性、事物發展情況和關係。記憶是一個絕對的東西，歷史卻是相對的。」[14]

　　慰安婦事件目前仍是非主流論述，它是黑色歷史，不被正式記憶的歷史，這記憶產生於一個群體，黏附於具體事物，於空間、姿態、圖片和物體，感謝民間團體為這群婦女所做的，但只有記憶還不夠，應該建立更深遠的角度來看待這些敘事記憶本身。

---

[14] [法]皮埃爾・諾拉，〈歷史與記憶之間：記憶場〉，載於[德]阿斯特莉斯・埃爾・馮亞琳主編：《文化記憶理論讀本》（北京：北京大學出版社，2012年），頁95-96。

（二）慰安婦事件成了鬼故事

　　慰安婦事件未能留存於歷史，因此它成了名副其實的鬼故事。何謂鬼故事？上世紀上半葉，以弗雷德里克・巴特利特在1923年出版的《回憶》（*Remembering*）當中提到關於人們要記住的事件，因為情感與關注點不同，會影響到被記住的內容；他要求閱讀者讀一些故事（其中最有名的為《鬼的戰爭》），然後再將故事回憶出來。[15]

　　關於慰安婦事件，因著偉大國家及父權至上敘事下，人們不會努力認同投注情感於慰安婦這群婦女，於是關於慰安婦的戰爭記憶成了鬼故事。若非南韓在上世紀的九十年代大力揭露了日軍的慰安制度，我想這段歷史就徹底成了鬼的戰爭的記憶的鬼故事。

　　很明顯地，臺灣當時同為日本的殖民地，這段殖民歷史當中的慰安婦是見不得光的。也就是說，過去的歷史是破壞記憶且驅趕記憶的，在歷史主流大敘事之下，慰安婦往往有些史實是被隱藏或者邊緣化之後，被視為不合理的歷史史實，這樣的歷史總是對不再存在的事物進行有問題且不完整的重構。也就是說，在歷史主流敘述裡，並沒有所謂慰安婦這群人。因此若要回復轉型正義，必須正視不完整的歷史進行復育的重構歷史計劃，讓歷史復育，去正視慰安婦這群歷史的孤兒。

　　誠如李翠玉老師在《難言之隱：臨界、創傷書寫與亞美哥德誌異敘事》當中寫到，越戰後越美族群作為他者的文化臨界經驗來探討，我援引為類比，作為慰安婦事件反省：慰安婦她們被視為一群鬼，她們是活人的威脅，是國族與男性威權之下亟欲切割的他者，必須眼不見為淨，才能維持神話的神聖性。於是如梅崗城故事裡父對子說到：「總有許許多多的方法把別人變成鬼」，「這些誌異故事當中的鬼魅魍魎，躲藏在陰暗的角落，不見天日，行蹤飄忽，是道德法理亟於覆蓋遮掩、去之務盡的不堪和羞愧」。[16]

---

[15] 這些鬼故事趨勢是：（1）回憶的故事較實際的短。（2）故事變得連貫，會將熟悉的材料與腦海中已存在的想法、知識與文化上的預設聯繫起來。（3）聽到故事的反應及感受將會影響到他們對故事的追憶。間引自[澳]喬納森・福斯特著，劉嘉譯，《記憶》（南京：譯林出版社，2016年3月），頁10-11。

[16] 單德興主編：《他者與亞美文學》（臺北：中研院歐美研究所，2015年），頁216。

三、建構隸屬於世界的文化記憶本身

　　為了不讓慰安婦事件成了鬼故事，那麼就必須建構出世界文化記憶。慰安婦事件的確是屬於世界的文化記憶，它是歷史的一環。誠如揚・阿斯曼說到：「歷史發展不單單是一種進步或衰退，不是單向度地、直接趨向某種不可避免的宿命，它是一種可用『文化記憶』來描述的連貫性（coherence）。這種連貫性力圖把過去意義帶入並保存在書寫的文字和被刻畫的圖像中，激活並重組，將其併入現在的語義範疇中。」[17]

　　這代表著慰安婦議題應被重新審視，並保存圖像及文字，再加以重組帶入現在語義範疇裡。這樣的文化記憶是如何進行的呢？揚・阿斯曼說到文化記憶是「人類記憶的外在維度」，[18]是對真的事實（real facts）的回憶，包含了「被記住的過去（對過去的證實／reference to the past）」（past-as-it-is-remembered）、「記憶的歷史（記憶文化／memory culture）」（mnemohisory），如此集體理解及建構共享過去，以確認集體身分，提供一個整體歷史的記憶。通過社會互動架構指導行為及經驗的知，以作為傳承與實踐。[19]當然民間團體一直致力於慰安婦記憶資料庫建構，然而如何以超越人權觀點，省思這些慰安婦如何在權力觀點下被宰制，以至於如何突破盲點，破除自身的障礙，以破除父權或殖民帝國壓迫，重建屬於慰安婦事件的詮釋，將是本文最重要的觀點。

（一）建構文化記憶力抗慰安婦事件的消失

　　隨著慰安婦阿嬤年歲增長，歷經輪番執政，這群慰安婦已凋零殆盡，她們徹底由歷史中銷聲，然而卻無法抹沒她們已然存在的事實。哈布瓦赫說到：

---

[17] Jan Assmann, "peface", in *The Mind of Egypt: History and Meaning in the Time of the Pharaohs*, translated by Andrew Jenkins, New York: Henry Holt and Company, 1996, p.16.

[18] Jan Assmann, *Moses the Egyptiam: The Memory of Egypt in Western Monotheism*, Cambridge: Harvard University Press, 1997, p.15.

[19] 此乃趙靜蓉整理揚・阿斯曼的想法，見其著《文化記憶與身分認同》（北京：生活・讀書・新知三聯書店，2015年11月），頁12-13。

「歷史是對已經發生的事件的記錄，這些事件占據了人們記憶的大部
分空間。……只有當一段時期的歷史、一個社會的歷史乃至於某個人
的歷史處於太遙遠的過去，以至於人們不能不指望在他們生活的環境
裡還能找出許多對那些歷史至少還有一點回憶的見證人時，我們才需
要將這些歷史寫下來。」

「阿嬤家——和平及女性人權館」設立，留存的資料及紀錄片等，這些
為即將消逝的事件見證，將有助於個體記憶，也決定了歷史書寫方式，而這
些歷史記憶與文化生產也慢慢生成，成了我們情境。許多慰安婦的倖存者的
血淚控訴，應是在歷史見證下留下她們的記憶身影。記憶與人身分息息相
關，都是不斷在創造生成的過程。然而記憶可以借助想像在過去與現實之間
往返，而歷史卻是已然發生的事實。[20]

（二）對事件反省與詮釋有助於歷史與記憶的相融

趙靜蓉以為：「歷史與記憶之間也存在這樣一種共存互生關係，或許可
以說它構成了一種自我建構和自我論證式的封閉式循環結構：歷史的書寫提
供了個體記憶的可能性，決定了集體記憶的背景，而記憶傳播與接續又固化
了歷史知識，對世人塑造某種被期待的知識體系和價值結構形成強有力支
撐。歷史記憶或文化生產就這樣一步步、一代代地成形，最終構成我們所身
處其中的現實環境。」[21]

慰安婦事件在記憶與歷史之間的省思，它的確是文化創傷的記號，而且
不只發生於臺灣，它是建構與論證臺灣本體的結構，歷史的書寫、個體記
憶，乃至於集體記憶本身，形構出我們的當中所展現出的現實環境，它源於
我們對事件的反省與詮釋。

---

[20] 趙靜蓉，《文化記憶與身分認同》（北京：生活・讀書・新知三聯書店，2015年11月），頁48。
[21] 趙靜蓉，《文化記憶與身分認同》（北京：生活・讀書・新知三聯書店，2015年11月），頁61。

肆、目前慰安婦事件未入主流世界文化記憶原因探討

慰安婦事件所遭遇到的困境或停滯不前，肇因在於身為二次世界大戰受難國家的大陸及臺灣並未官方承認這樣的慰安婦定位，也不承認慰安婦這群婦女受到忽略的事實。由於受害者本身無聲，或者無力出聲，在父權及國家至上主義之下，我們得承認大他者，以父之名或者以國家之名要求被害者噤聲，以至於馴服於莫名父權或國家主權宰制之下，這群阿嬤建構以國家及父權至上的文化認同，也莫名其妙地感到不配被書寫一番，不是主動積極地抗爭於不屬己的命運。她們是宰制意識形態之下的受害者，而受害者無法聲張自己正義及權利，身為旁觀者的非官方主流聲音自然也無法被重視。不被重視的受害者被壓迫成為更加無聲的狀態，這是二次受害狀態。

一、未有共同體的歸屬，未有身分認同

慰安婦事件的轉型正義並未落實，最主要在於國家並不積極爭取歷史的合法性，目前仍由民間來進行慰安婦事件的處理。

那何謂共同體呢？我想它是：受眾群體集體情感及集體意識，受媒體、權威及學校教育等多種因素的影響，公眾化普遍的民意，催生了民眾對歷史想像、情緒、認識和理解，形構出來一個想像的共同體。[22]

一個想像的共同體有著集體記憶和記憶的社會框架，比如哈布瓦赫說到：「存在著一個所謂的集體記憶和記憶的社會框架；從而，我們的個體思想將自身置於這些框架內，並匯入到能夠進行回憶的記憶中去。」[23]

在共同體裡並沒有家園感受，而自己成了無根的異鄉人，這些慰安婦因此被犧牲，她們成了少數弱勢，無法發聲，在父權霸凌之下的女性性工作

---

[22] 趙靜蓉，《文化記憶與身分認同》（北京：生活・讀書・新知三聯書店，2015年11月），頁77-78。

[23] [法]莫里斯・哈布瓦赫著，畢然、郭金華譯，《論集體記憶》（上海：上海人民出版社，2002年），頁69。

者。她們認同於大他者想像共同體，[24]馴服於父權或國家神話形象的自我身分，以至於無法確認自己真實身分或者忘了自己身分而認同於大他者的宰制，以馴服於父權體制或者國家神話，藉由歸屬於共同體而符合大他者對自己的指控或指認。

「正是因為共同體瓦解了，所以身分認同才被創造出來。」[25]

慰安婦沒有家園，不被接納，不隸屬於共同體，因為她們是無法被身分認同的一群人。所謂身分認同，我們不能不提及英國社會學家佐克・揚說到：「它的引人關注和引起的激情，歸功於它是共同體的一個替代品：是那個所謂自然家園的替代品，或是那個不管外面颳的風有多麼寒冷，但待在裡面都感覺溫暖的圈子的替代品。」

何謂「身分認同」？

身分認同與「同一、相似與整一」概念是一致的，因此所謂身分認同（Identity）的基本含義就是指：「在物質、成分、特質和屬性上存有的同一性質或狀態；絕對或本質同一。」[26]身分認同也就是存有的同一性質或狀態或絕對或本質同一。

我們所言的身分認同，意味著身分與認同是同一詞，誠如趙靜蓉所言：

「身分與認同為同一個詞，本義都是同一性，亦即由與我相關的各種

---

[24] 此詞語來自於《想像的共同體》一書，作者是班納迪克・安德森（Benedict Anderson）。安德森一生致力於東南亞地區研究，著有《比較的幽靈：民族主義、東南亞與全球》、《革命時期的爪哇》、《美國殖民時期的暹羅政治與文學》等。他還敢於揭露東南亞的政治恐怖。他最出名的著作是1983年出版的「想像的共同體」（*Imagined Communities*），書中闡述了民族主義的本質，直指民族與民族主義是一種「特殊的文化人造物」，是十八世紀初隨小說與報紙興起而成形的「想像的共同體」，根植於語言和文學。這種「視民族為人造物」的觀點，一舉戳破許多國家的民族神話。安德森曾多次訪問臺灣講學。他說，1956年他在劍橋大學求學時，目睹一名印度人因批評英法入侵蘇伊士運河，被一群英國學生攻擊，企圖阻止的安德森也遭毆打，施暴者打人後還列隊唱起英國國歌。這次遭遇成為安德森的政治啟蒙，讓他理解到極端民族主義的非理性暴力本質。這本書竟成人文社會學科經典。本文詞語使用在於當我們建構想像共同體時，它是屬於父權或者國家神話建構，這神話不容許失敗，不容許被弱勢的女性主體弱化其光榮歷史，因此慰安婦成了污名代表，它代表在歷史進展上失敗的紀錄，是失敗的符號。

[25] [英]齊格蒙特・鮑曼著，歐陽景根譯，《共同體》（上海：三聯書店，2003年），頁13。

[26] 王曉路等，《文化批評關鍵詞研究》（北京：北京大學出版社，2007年），頁278。

因素所構我的整體與我人心對自身的界定是相符的，或者說在社會生活中成為我的過程與我對理想的期待是正相關的。」[27]

　　然而慰安婦的身分定位並沒有被納入這個集體記憶，或者說是記憶社會框架裡並無這些個體記憶。這些身分與定位問題也影響了這些阿嬤對自己身分認同，也就是說，在社會生活中成為我的過程，與我對理想的期待並不見容於社會共同體裡。而這就是阿嬤自己並不對自己有著身分認同，或者她們扭曲自身以卑微態度以符合想像共同體對己的接納，然而這不是真正的接納與體諒。

二、慰安婦事件本身不被記憶，不符合我們的認同，不符偉大國家與父權至上敘事

　　對於慰安婦事件，我認為應該由政府主動積極建構相關事項，以回復記憶的可能性。英國心理學家巴特列特認為：

> 「記憶是對往事的想像性質的重構，回憶活動……不僅決定於特定往事的內容，而且同樣地也決定回憶者的態度──他應該會發生什麼以及什麼才有可能發生的預期和一般的知識。」[28]

　　只是敘事性記憶或者回想往事的資料建構並不足以正確看待這群慰安婦本身遭遇，或者更進一步來說，這群慰安婦也不正確看待自己遭遇本身，她們是按著大他者的方式來看待自己。但記憶也是重要的，因為留存記憶才有機會審視，這歷程的回溯是重要的，慰安婦事件記憶的重建是認同感長存的原因。

　　誠如哈布瓦赫以為：

---

[27] 趙靜蓉，《文化記憶與身分認同》（北京：生活・讀書・新知三聯書店，2015年11月），頁212。

[28] 轉引自[美]丹尼爾・夏克特著，高申春譯，《找尋逝去的自我：大腦、心靈和往事的記憶》（長春：吉林人民出版社，1998年），頁96-97。

「我們保存著對自己生活的各個時期的記憶，這些記憶不停地再現；
通過它們，就像是通過一種連續的關係，我們的認同感得以終生長
存。」[29]

在國家歷史記憶裡，中華人民共和國和中華民國分別選擇低調處理慰安
婦議題。換句話說，慰安婦不被納入所謂國家這個共同體裡，她們是一群不
被接納的人，這群成了邊緣的異鄉，沒有家園，甚至被自己家人拒絕接納，
成了恥辱的記號，為了成就偉大單一國家敘事，為了成就父權至上的偉大敘
事，符合我們對國家想像及對端莊淑女的女性想像。

這裡我們提到了梅杜沙的悲劇來類比慰安婦事件本身。神話中梅杜莎是
雅典神廟的侍女，然而卻被海神波賽頓（Poseido）性侵得逞，於是她向雅典
娜陳情，一個象徵正義、公平及護衛神廟的女神，卻造成梅杜莎更大傷害。
因為雅典娜不僅沒有處理梅杜莎被性侵事件，相反地斥責處罰梅杜莎玷污
了貞潔及清白，將錯指向受害者，雅典娜讓梅杜莎成了男人看了一眼就石化
的怪物。這故事使我們想到慰安婦本身的命運和梅杜莎的遭遇如出一轍，慰
安婦的不公平對待，由戰爭到現在從未被公平對待過，因此隨著時代眼光不
同，應有所平反了。

前臺籍慰安婦的人權運動開創者，也是婦女救援基金會的前董事長——
王清峰在2015年提到：「沒有人的自由該被剝奪，沒有人的尊嚴該被踐踏，
沒有人的身心該被摧殘，但在二次世界大戰期間，數十萬的她們為了日本軍
隊的慰安需要，加上戰後的政經環境以及社會的偏見，使她們一生的青春、
健康的幸福盡成灰燼。」[30]

我想因著偉大父權及國家敘事來談這偏見。所謂「偏見」是什麼呢？也
就是對國家想像及對端莊淑女的女性想像，成了國家想像共同體及父權至上

[29] [法]莫里斯・哈布瓦赫著，畢然、郭金華譯，《論集體記憶》（上海：上海人民出版社，2002
年），頁82。

[30] 《蘆葦之歌》，這是臺灣最完整，動人的慰安婦阿嬤光影紀實，有DVD及相關企宣製作物。1998
年婦女救援基金會推出紀錄片《阿媽的祕密》，揭露了沉埋五十年的歷史傷痕，後來在2015年婦
援會推出《蘆葦之歌》，這兩片是當代臺灣戰爭中女性人權史上最璀璨的一頁。

的偉大敘事，這群想像的聲浪遠大於慰安婦事實的揭露。為了維護國家想像共同體及父權至上偉大敘事，無論大陸或者臺灣都選擇沉默，不揭露這群婦女的犧牲事蹟，甚至於這些婦女的犧牲事蹟也被質疑，這樣的犧牲是無效犧牲，她們的犧牲是效忠無能反省的國家共同體及父權社會所導致。

事實上，這些悶不吭聲無法使日本習得應有的教訓，也無法使大陸或者臺灣習得真正的轉型正義，甚至幫助了過去帝國強權的日本，繼續加害自己本國婦女，而這群婦女眼看就要成了歷史的灰燼。

國家父權至上社會製造了純粹潔白的美麗神廟，這神廟裡不容許慰安婦事件存在以玷污神聖的可能性，於是官方主流聲音，無論大陸或者臺灣選擇忽略這群婦女的受害，甚至強調她們可能自己就是污穢本身，以符合偉大國家神話或父權神話的烏托邦想像，這是二度加害。

伍、在事件之後，後創傷主體的重建

就慰安婦身分而言，她們並沒有真正在父權或國家至上想像共同體被認同。共同體的消失，身分的消失，使她們成為悲劇性存在物，或者說是空無的歷史存有。她們是由歷史中消失的存有物，或者說她們是在戰爭中文化創傷記憶最不被記憶的一塊。

慰安婦事件，表明著慰安婦在戰後倖存下來被記憶或者經由塗抹的記憶，必須經由事件的詮釋創新才能產生新的主體身分來。

誠如齊澤克在《事件》中所提到：「後創傷主體是從自身死亡中倖存下來的受害者，所有不同形式的創傷經驗，無論其性質如何，它們都導致相同的結果：亦即那個從自身象徵性身分的死亡中倖存的新主體。可以說，全新的後創傷主體與他的舊身分之間，不存在任何連續性：新的主體在震撼之後就浮現出來。」[31]

慰安婦事件的不公平對待必須平反，事件必須揭露存有的面向，所謂的記憶必須重新解讀，這意味著慰安婦象徵身分必須死亡，這由大他者所建構

[31] [斯洛文尼亞]斯拉沃熱‧齊澤克（Slavoj Žižek）著，王師譯《Event事件》（上海：上海文藝版社，2016年），頁112。

象徵性身分必須死亡，在父權或者國家神話建構之下的象徵身分必須死亡，慰安婦身分必須死而復生，由象徵性身分解構完成後，由身分廢墟中產生的主體性，這是後創傷主體，慰安婦必須建構屬己的後創傷主體來。

一、象徵性身分死亡後建構性主體

後創傷主體是從死亡中倖存下來的受害者，也就是由象徵性身分死亡中倖存下來的新主體，慰安婦阿嬤不是在父權或者國家至上論述上象徵性身分，被鑲嵌其上的生命故事不能只是重述。換句話說，齊澤克認為不能只是「通過主體自身敘事性象徵肌理——來加以界定」。[32]

慰安婦按大我者來詮釋自身的認同，使得他們永遠不能忠誠於自身，而被意識形態幻象所宰制，甚至於，一直在種族與性別拉中。因為「一直以來被兩種忠誠撕扯著：一方面是忠誠於種族，另一方面是忠誠於自己的性別，選擇其中的任何一方都意味著對自我的對抗，但是她們幾乎總把種族利益放在性別利益之上，即為了種族利益而犧牲了她們作為婦女和完整人性的自我」。[33]

處在國家性神話認同及父權社會下的認同，將導致慰安婦阿嬤的無限自我認同後退，於是她們就在現實中穩固下來，她們記憶有可能扭曲了我們對事實的瞭解，因她們不忠於自己情感欲望或者性別，只思忠誠於父權或國族想像共同體的身分或性別認同。

這個現實是如何地現實呢？誠如莫雷引用齊澤克所言：「現實是符號秩序建構的產物，也就是大他者的產物。這個『大他者』就是『虛擬的象徵序列，為我們構建了現實的網絡。這個『大他者』的維度就是在那個象徵序列中被異化的主體的基本構成：是大他者在拉動牽制木偶的繩線，主體自己不說話，他被符號結構操縱著『說話』，……總之，大他者作為自主的符號秩

---

[32] [斯洛文尼亞]斯拉沃熱・齊澤克（Slavoj Žižek）著，王師譯，《Event事件》（上海：上海文藝版社，2016年），頁112。

[33] Remembering Anita Hill, Clarencethomas Neuie Y. Mchay & Toni Morrison. *Racing Justice, Engendering Power*, Pantheon Books, 1992, p277.

序和倫理的絕對命令，就是作為意識形態運作機制的象徵秩序。現實在大他者的操縱下被賦予了一致性，使之成為有意義的和能被人接受的領域。」[34]

我們回到在國家記憶館當中慰安婦的生命敘事，這裡，我們應注意到大他者的影響力，注意到記憶中的主體如何說話的方式。如何逃脫大他者的意識形態的象徵秩序，如何由秩序中逃脫，讓阿嬤真正講故事。阿嬤講故事，是講時代背景之下她們的故事，她們在象徵體系之下來敘述自身故事。這故事傳講下來，不應只是讓她們敘述自己而已，而應有不同面向詮釋，比方按後敘事方式進行解析教育，以後解構方式進行故事解讀，並且傳講下去。

新主體出現是在主體死亡中生存，這個死亡是指象徵體系當中的我的死亡狀態，拔除掉在象徵體系的我，也就是「新的主體在活著個體被剝奪了他的一切實質內容之後浮現出現」，[35]這個被剝奪的純粹主體是在當前創傷經驗中重新打開傷口，凝視傷口後，出現存在揭露的可能性。

若按卡露思（Cathy Caruth）來說，創傷記憶是無法以「敘事記憶」全然掌握，而敘事的真實性亦不可能存在，在第一時間創傷主體無法全然認知發生事件，[36]「時間暫時的延遲，此延遲給予個人支撐力，使其逃離初始的震撼。創傷是經由事件的不斷重複而體驗苦痛，也同時使個人重複不斷離開原初的痛苦經驗」。[37]這是事件的重新詮釋，也是通過彼岸看到此岸的開花結果的可能性，是由創傷引發傷痛主體重敘故事，再打掉重練，凝視自我創傷歷程，重新予以解讀詮釋，予以意義新創的可能性方式。重建主體當然不可能舊瓶新裝，成為過去那個身分認同的替贖品，它不具有連續性，它是在凝視傷口重新解讀後找出新的生命出路。

---

[34] 間引自莫雷，《穿越意識形態的幻象——齊澤克意識形態理論研究》（北京：中國社會科學出版社，2012年），頁65。齊澤克部分，見〈《黑客帝國》或顛倒的兩面〉，《今日先鋒》2009年第1期。

[35] [斯洛文尼亞]斯拉沃熱・齊澤克（Slavoj Žižek）著，王師譯，《Event事件》（上海：上海文藝版社，2016年），頁113。

[36] 單德興主編：《他者與亞美文學》（臺北：中研院歐美研究所，2005年），頁203。

[37] Caruth ,Cathy. "Introduction." *Trauma: Explorations in Memory*. Ed. Cathy Caruth, Baltimore, MD: John Hopkins UP.1995.p154.

二、後創傷主體是我思歷史性實現[38]

　　這是什麼意思呢？「在笛卡兒那裡，我思是思想與存在相互重合的零點，在這個點上，主體在某種程度上既不在（因為他被剝奪了所有正面的實質性內容），也不思（因為他的思想被還原為空洞的同義重複，即：思想在思想著）。」[39]齊澤克引用了拉康的話說：「就是笛卡兒的『我思』：『我思』並非來自於生活現實的抽象，……就像拉康那假想的『我的物件』（stuff of the I）那樣，『我思』有著豐富的個性；也就是說『我思』是一個有著具體主體性態度的實在意義上的『抽象』。」[40]

　　也就是：「後創傷主體正是佛洛依德『女性閹割』經歷的終極案例：它意味著，就在我們期待見到某樣東西（男性生殖器）的地方，實際上卻空無一物。」[41]

　　慰安婦事件並沒有應存在著陽具那話兒解讀，她們不需要臣服於某種國家或父權神話帝國的組織物，甚至她們親人也不需要有著這樣的期待值，因為那兒空無一物。當我們透過慰安婦我思的歷程時，我思提醒著我們主體性態度轉折並非來自於生活現實的抽象，這些被創傷暴虐侵擾所剝奪的實質內容，被拿去的存在以及意義建構，被抹殺的主體以及身分認同，那一切的共同想像性連結不在於陽具符號王國的崇拜上，慰安婦事件應該重新創造詮釋著，希望不同角度召喚著慰安婦重新思維起自身。

　　慰安婦她們思想在思想著，她們正走出不同於以往傷痕，後創傷主體走出的是自己的姿態，屬於慰安婦自己的姿態。「換言之，恰恰是因為創傷抹去了整個實質性的內容，它所帶來的震撼才會是過往的重複。也就是說，過

38　[斯洛文尼亞]斯拉沃熱·齊澤克（Slavoj Žižek）著，王師譯《Event事件》（上海：上海文藝版社，2016年），頁113。

39　[斯洛文尼亞]斯拉沃熱·齊澤克（Slavoj Žižek）著，王師譯《Event事件》（上海：上海文藝版社，2016年），頁113。

40　[斯洛文尼亞]斯拉沃熱·齊澤克（Slavoj Žižek）著，王師譯《Event事件》（上海：上海文藝版社，2016年），頁113。

41　[斯洛文尼亞]斯拉沃熱·齊澤克（Slavoj Žižek）著，王師譯，《Event事件》（上海：上海文藝版社，2016年），頁114。

往對於實在物的創傷性丟失，正是組成主體性維度的成分。在此真正被重複的，不是過去的內容，而是恰恰是抹去了所有實質性內容的姿態本身。」[42]

誠如齊澤克所言：「一旦某個『符號性賜福』的幻象一框架擋住了對實在界深淵的審視，『現實』就穩固下來了。幻象絕非阻止我們『觀看現實的本來面目』的夢一般的蜘蛛網，相反，它構成了我們所謂的『現實』：最普遍的切實的『現實』是透過幻象的蜘蛛網構成的。換言之，我們只有付出代價，才能接近『現實』：某些事物──創傷之實在界──必須『被壓抑』。」[43]

慰安婦真正的身分認同不是在壓抑之後的身分認同，不是在馴服某神話王國敘事之後的生命敘事，慰安婦阿嬤必須走出某種姿態，不是被擺布之後的姿態，而是在走出真正創傷之後，非安於現實的姿態，不是被想像共同體壓抑的姿態，而是真在在「思想著思想我」無限辯證後出脫的姿態，那孤獨挺立，真正具有自己的主體價值的生命歷史姿態。

總結

慰安婦事件詮釋應是走出過去單一視角詮釋，我們不應掉入以父為名意識崇高客體所建築的城堡詮釋體系，也不應落入虛幻結構迴圈中去看待事件，唯有正視被賤斥後主體創傷，不論是慰安婦自身，或者是敘述慰安婦事件的詮釋者，只要我們肯認症狀，瞭解自身的創傷，非內在辯證對話，而由外邊思維起，才能脫離主體自戀式的框架，如此才能真正跨越那暴力直線型的詮釋，讓慰安婦或說替慰安婦而活的倖存者，破除內在的高牆，讓思維思維著，讓慰安婦走出該有的姿態來。

---

[42] [斯洛文尼亞]斯拉沃熱·齊澤克（Slavoj Žižek）著，王師譯，《Event事件》（上海：上海文藝版社，2016年），頁114。

[43] [斯洛文尼亞]斯拉沃熱·齊澤克（Slavoj Žižek）著，季廣茂譯，《實在界的面龐》（北京：中央編譯出版社，2004年），頁69。

參考書目

《救援創傷‧推動改革——30婦援會2017年度執行報告專刊一》，臺北：財團法人臺北市婦女救援
　　社會福利事業基金會，2018年。

賴采兒等，《沉默的傷痕——日軍慰安婦歷史影像書》，臺北：商周出版社，2005年。

後藤乾一、高崎宗司、和田春樹共編：《政府調查「從事慰安婦」關係資料集成》第五卷，東京：
　　龍溪書舍，1998年。

莫雷，《穿越意識形態的幻象——齊澤克意識形態理論研究》，北京：中國社會科學出版社，2012
　　年。

朱德蘭，《臺灣慰安婦》，臺北：五南圖書公司，2009年。

[德]阿斯特莉斯‧埃爾‧馮亞琳主編：《文化記憶理論讀本》，北京：北京大學出版社，2012年。

[澳]喬納森‧福斯特著，劉嘉譯，《記憶》，南京：譯林出版社，2016年3月。

單德興主編：《他者與亞美文學》，臺北：中研院歐美研究所，2015年。

[德]阿斯特莉斯‧埃爾‧馮亞琳主編：《文化記憶理論讀本》，北京：北京大學出版社，2012年。

趙靜蓉，《文化記憶與身分認同》，北京：生活‧讀書‧新知三聯書店，2015年11月。

[法]莫里斯‧哈布瓦赫著，畢然、郭金華譯，《論集體記憶》，上海：上海人民出版社，2002年。

[英]齊格蒙特‧鮑曼著，歐陽景根譯，《共同體》，上海：三聯書店，2003年。

王曉路等，《文化批評關鍵詞研究》，北京：北京大學出版社，2007年。

[美]丹尼爾‧夏克特著，高申春譯，《找尋逝去的自我：大腦、心靈和往事的記憶》，長春：吉林人
　　民出版社，1998年。

[斯洛文尼亞]斯拉沃熱‧齊澤克（Slavoj Žižek）著，王師譯，《Event事件》，上海：上海文藝版
　　社，2016年。

Jan Assmann , "peface" ,in *The Mind of Egypt: History and Meaning in the Time of the Pharaohs*
　　,translated by Andrew Jenkins, new York: Henry Holt and Company，1996, p.16.

Jan Assmann, *Moses the Egyptiam: The Memory of Egypt in Western Monotheism*, Cambridge: Harvard
　　University Press, 1997.

Cathy Caruth , "Introduction". *Trauma: Explorations in Memory.* Ed. Cathy Caruth, Baltimore, MD: John
　　Hopkins UP. 1995.

第七章　以「幽靈法」來進行原住民神話兒童繪本的自我認同探究

前言

　　有關臺灣兒童繪本與自我認同探討很多，但純粹屬於原住民兒童繪本的自我認同卻較少，這篇文章擬由描繪原住民神話的兒童繪本來探討原住民的自我認同。這自我認同的形象探討有如原住民的幽靈探討般。所謂的「幽靈」，我採取德希達的馬克思幽靈說法，但卻轉換了內容物。按德希達說法，他想追問在馬克思之後，他的思維消失了嗎？他如何在缺席的狀態裡，並且脫胎換骨在眾人的眼裡。我轉換了內容是：原住民自我認同，究竟在殖民後或資本商業殖民後，還存在著原住民神靈嗎？原住民神靈精神存在於大地嗎？這樣的幽靈是典當了傳統原型，那以神話、夢境、祭儀或圖騰方式呈現的原型，究竟是質變了，呈現斷裂不連續的孤立符號，還是在遊牧之後，在眾人的遊戲規則中，互換價值，呈現不同面貌出現了不連續的連續性呢？原住民的幽靈是否可以在文化政策或祭儀活動之下被接受嗎？還是這幽靈也典當了靈魂自身，或說是祖靈不再復歸呢？

關鍵字：幽靈、後殖民、商品拜物教、神話、自我認同、神聖

壹、原住民的認同運動介紹

一、何謂認同

　　原住民學者以撒克・阿復說到了「認同（identity）」一詞指的是一個主體

如何確認自己在時間空間上存在。在這個自我認識、自我肯定的過程涉及的不只是自我對一己的主觀瞭解，也混雜了他人對此一主體之存在樣態是否有同樣或類似的認識。」

　　認同不是建立自我的王國，他涉及了互為主體性的肯認方式，因此「主體性（subjectivity）之證成，必須透過其它主體對自己的承認與肯定，因此每個主體和其它主體都必然會發生一種互為主體性（intersubjectivity）的現象。同理，一個人要形成充分的自我認同（self–identity），必須透過許多具有類似認同運動的他人一起建構。」[1]

　　原住民在後殖民的階段認同，必須回溯到原住民認同的歷史，並且認識到原住民自我認同的運動本身。

二、原住民認同運動的歷史

　　最早在探討原住民的認同出現在《八尺門報告》[2]，報告的題目為〈百分之二的希望與掙扎——八尺門阿美族生活報告〉。[3]在《八尺門報告》發表同時，臺灣原住民掀起了自覺性的社會運動，並於1984年成立了「臺灣原住民（族）權利促進會」，[4]爭取原住民的自主。近三十年過去了，原住民社會運動發展至今，成果有增編原住民保留地、成立行政院原住民（族）委員會、憲法增修條款、原住民電視臺成立等，以及各原住民族正名、身分、母語、就業、經濟立法保障等。[5]目前原住民運動要求可歸結為三大要求：

---

[1] 以撒克・阿復（Isak・Afo）所著《原住民族運動・媒體・記憶：後殖民進路》，臺北：翰蘆出版，2016年，頁162-163。

[2] 它最早發表於《中國時報・人間副刊》，與《人間》雜誌創刊號連載五期，當時是1985年底。

[3] 顧名思義，這標題說明了臺灣原住民各族群在二戰後至今，其總人口數大約占全臺人口總數的百分之二，在臺灣社會處於弱勢與所面對的困境。

[4] 另外，這個以原住民知識青年為核心的「原權會」，提倡「部落主義」，並爭取原住民的身分地位、自我認同、國家族群與文化政策等。

[5] 關曉榮，《再現2%的希望與奮鬥》（臺北：南方家園文化，2013年）。關曉榮決定重回八尺門，本書收錄攝影圖像以及作者記錄文字，包括1996和2011重返八尺門之心得與後記。關曉榮希望透過搜集資料及記錄來透露出原住民的變遷與困境，使我們關注都會原住民生存及生活空間等議題，並且從原住民政策、土地、經濟、社會、文化與教育等根本的社會構造，去思索並尋求解決之道。

「正名運動」、「還我土地運動」、「自治運動」（施正鋒，2005：58），其中最重要的為1980年發起的原住民正名運動。

三、介紹與認同有關運動

　　正名、身分、母語之間其實有密切關聯性，我偏重於正名與母語復甦兩者與自我認同的關係，分述如下：

（一）正名運動

　　原住民正名運動的認同，指的是原住民族在自己語境裡分享自己所經歷的共同歷史傳統、習俗規範，甚至是集體記憶，而形構出對原住民共同體的歸屬感。[6]

　　正名運動主張各族主體自主詮釋的文化自治之內涵，強調去殖民及建構原住民主體性的運動，在多元文化之下，建立彼此肯認及差異政治的下的原住民文化保留，這原為對抗國家象徵暴力的象徵抗爭的手段，為了建立主體的文化政治實踐。

　　建立主體文化的實踐乃是「原住民民族有意識的以自己的語言、為自己、為所屬的群體、為周遭環境和有自覺意識的為民族歷史、為民族的現在、為民族未來命運和憧憬命名時，不單是挑戰批判既有宰制階層和國家統治的暴力性和荒謬性，並在去殖民的進路中，藉積累自決自治能量，在建構民族主義實踐進路中，勾勒民族解放具救贖意涵的解放藍圖。」[7]

（二）母語復甦運動

　　與正名有關的是母語復甦運動。

　　臺灣諸原住民族四百年來，歷經各個外來殖民政權的侵略和統治，土地

---

[6] 以撒克・阿復（Isak Afo），《原住民族運動・媒體・記憶：後殖民進路》（臺北：翰蘆出版社，2016年），頁162-163。

[7] 以撒克・阿復（Isak Afo），《原住民族運動・媒體・記憶：後殖民進路》（臺北：翰蘆出版社，2016年），頁165。

遭到侵占，原住民受到強大的文化衝突，語言文化慘遭滅絕。對於原住民文化文化復甦教育由語言文化起始，臺灣原住民都沒有以文字以記載歷史及其累積的文化成果，它是口傳文字、口語傳播的民族，無法用文字記錄過往發生的事與經驗，只有自己的符號象徵系統紀錄、記憶歷史、神話和傳說，因之常被以為是「沒有歷史的民族」（Wolf，2003）。

也就是說臺灣原住民就有歷史以來都不能發展出一套可以表現思想語言與歷史文化的文字系統，那為何沒有發展出文字系統呢？

巴蘇亞・博伊哲努（蒲忠成）認為有四大原因：

一、人數少，只有三十四萬人，不到臺灣總人口數的百分之二，人與人之間單純，加上語言默契十足，因此表達工具未能研發出語言，但有繁複的標誌與記號。

二、活動地域狹窄，各族緊張敵對，因此對知識的增加及發展有限制。

三、以氏族為單位，血緣親密的氏族，不必創作文字。

四、長期耕獵生活，是實際生活造成，然而思想與理論上發展未能精緻文字創造。[8]

張秋雄（Walis Ukan）在〈連結創造──神與祖先臍帶〉中說到，臺灣原住民族群認同最大關鍵是母語，而這也是身為原住民身分之重要的族群生命內涵的標記，目前原住民部落語言發展已到了「後母語時代」，隨著日本及國民黨政權的語言壓迫政策，文化隨之失落，[9]如埃莉克・鮑莫（Elleke Boehmer）所說到的，「切斷一個人與母語的聯繫，這就意味著與他的本源文化斷絕聯繫」，[10]文化是一個民族在歷史的集體記憶銀行，「語言即文化是一個民族在歷史經驗之集體記憶的銀行（the collective memory bank）」。[11]

8　巴蘇亞・博伊哲努（蒲忠成），《臺灣原住民的口傳文學》（臺北：常民出版社，1996年），頁18。

9　吳仲徹等，《原住民身分認同與神學》（花蓮：玉山神學院，2012年），頁100-102。

10　埃莉克・鮑莫（Elleke Boehmer）著，盛寧譯，《殖民與後殖民文學》（香港：牛津大學出版社，1998年），頁227。

11　Ngugi Wa Thiong'o, *Decolonising the Mind:the Politics of Language in African Literature* (Harare:Zimbabwe Publishing House,1987), p.15.

總結：除了正名與母語復甦運動之外，我認為身分重建與神話有著更深的締結關係。

有關原住民神話兒童繪本長期被忽略，在這篇文章希望能挖掘原住民兒童神話繪本的重要性，特別是母語兒童繪本重要性，並重新注入以文化哲學詮釋觀點，以期提供繪本的深度思考與未來文化保存的發展策略與方向，避免造成後殖民之後無文化認同感，甚至連幽靈召喚都不再存在；已無幽靈的原住民文化精神，會讓原住民文化，空有形式而未有實質內容的窘境。這個之後我們會再進行對母語不瞭解，而造成對原住民神話或者文化誤解錯誤。現在先暫止於此。

貳、在後殖民歷史中找回歷史與自我

臺灣原住民沒有歷史，那如何在後殖民當中找回自己的歷史與自我呢？

原住民的歷史乃是處在後殖民的狀態中

現今臺灣原住民歷史仍處在後殖民狀態裡。

何謂「後殖民」？根據宋國誠先生說到，這可追溯到1960年代，至今還未有共識定義。[12]其實「後殖民」名詞很久就已經存在了：「後殖民理論這個特定指涉名稱形成很久以前，就已經存在了。這種帝國語言和地方經驗的混合體，儘管充滿爭議和鬥爭，但畢竟是生動而強烈的，當殖民地人民開始反思並力圖表達種緊張關係時，後殖民的理論就問世了。」[13]

原住民的確處在後殖民階段，為了要拒絕屈服或試圖對威權統治之下的概念與文化機制，也就是葛蘭西所說的「共識性性文化宰制」（cultural domination by consent），後殖民必須是反殖民對立性論述（anti-colonial counter discourse），這樣的論述是不斷重複及反對性的辯證文本回應。葛

---

[12] 宋國誠，《後殖民論述——後法農到薩依德》（臺北：擎松出版社，2003年），頁49。

[13] Bill Ashcroft, Gareth Griffin and Hellen Tiffin (eds.) *The Post-colonial Studies Reader*, London and New York: Routledge, 1995, p.1.

蘭西談到「文化霸權」（意大利語：Egemonia culturale，英語：Cultural hegemony），這詞也就是「文化領導權」，它可以完美解釋了所謂『共識性性文化宰制』，文化領導權獲得，意謂著上層的意識形態階級成功地說服了社會其它階級接受了他的世界觀、價值觀等，使得其從屬階級在心理、文化及政治上臣服於現有的統治狀態，並且自發地擁護這樣的意識形態。而這就是共識性臣服於此意識形態，並且心悅臣服地接受宰制。[14]

因此原住民的後殖民思考必須是反殖民對立性論述（anti-colonial counter discourse），這樣的論述是不斷重覆及對反性的辯證文本回應。

所以史蒂芬‧史利蒙（Stephen Slemon）說到：「它試圖在文化領域中建立一種反叛或殖民之後的論述支點（anti- or post-colonial discursive purchase inculture）。這個特殊的支點起源於殖民者將他的權力刻印於一個他者的身體與空間。這種現象使得『他者』始終作為一種神祕的、封閉性傳統，進入新殖民主義國際框架的現代劇場中。」[15]

（一）後殖民論述對抗霸權

林約道學者說到：臺灣原住民在歷史是一場「原住民無主體化」歷史過渡，也是原住民遭受到去部落認同，原鄉去中心化的過程。而接著在二十一世紀原住民之部落主體性喪失將更嚴重。[16]

後殖民之下原住民文化，我們可以藉由薩伊德如何談東西文化的觀點來看。

薩伊德分析西方如何透過綿密的知識及權力網絡和再現機制，將東方馴化為一種認知邊緣的他方及他者（the other），比方薩依德談到新聞報導設法妖魔化伊斯蘭，所謂異於美國的他方及他者，這些遮蔽只不過是「辭藻的政治」[17]。

過去談到原住民文化可能也充滿方這種他者或他方原始暴力的論述，例

---

[14] [意]安東尼奧‧葛蘭西：《實踐哲學》，，徐崇溫譯，重慶出版社，1990，頁63。

[15] Stephen Slemon, "Modernism's Last Post", in *Past the Last Post: Theorizing Post-Colonialism and Post-Modernism*, edited by Ian Adam and Helen Tiffin, New York:Harvester/ Whetsheaf, 1991, p.3.

[16] 吳仲徹等，《原住民身分認同與神學》（花蓮：玉山神學院，2012年），頁143。

[17] Edward W.Said,Covering Islam,New York:Vintage Books,a Division of Random Huouse Inc, 1981,p.xii.

如過去不屬於原住民的的原住民相關故事，如吳鳳事件。原住民歷史，它是權力之外被論述的歷史他者的身體與空間，所以我們需要進入到解殖或者新殖民的架構中，顯然要重新思維起原住民身分認同中的身體與空間的論述，因此，下一篇章，我們將由狩獵神話，談原住民身體感及空間觀。

如何在無主體性的原住民脈胳當中尋求出自己的文化認同。如何在解殖之下重新看待原住民神話文化將有助於原住民自我認同。

宋國誠先生以為後殖民論述是文化藉以形成自身的話語形式和手段，它應是針對我們批判的國族歷史霸權論述進行拆解、消融、反述、干擾及重建的過程（宋國誠，2005）。後殖民論述應是文化抵抗論述，這樣的論述是反抗衡論述（counter-discourse），這種文化抵抗乃是文化的去殖民化。[18]

原住民文化認同應去除掉共識性文化宰制霸權，而為自己找到文化領導權，這文化領導權應建構於原住民文化深度詮釋上，尤其是原住民神話的深度文化詮釋上，重新詮釋原住民文化的身體及空間觀。

（二）去殖民化必回到神話來說

原住民必須建構屬己的神話再詮釋，這對自己的原住民身分認同是很重要的，它不該是被拋棄的過時神話，而應該是引領族人找尋自己是神話的可能性之旅，因著生活打拼而不在原鄉發展的流浪原住民，更必須以尋根方式找出發現並且活出這類神話的可能性，使得遙遠的過去及漫長的未來產生統合感，即便如尼采說的：「它是埋藏在太初遠古的殘骸中」。

如同海利寫下《根》這本書說到尼采建議：「被剝掉神話而饑腸轆轆佇立在過去事物中的現代人……必須瘋狂地挖掘自己的根，即便它是埋藏在太初遠古的殘骸中。」[19]

神話的解讀也是一種薩依德所說的歷史的重返（Said，2003），也就是重新發現被殖民本原歷史的回返，這是去殖民化的過程，它涉及對被殖民的母體社會的重建，是種歷史的事件的與意識的的體驗與再記憶（Said，2003）。

---

[18] 參見愛德華·薩依德（Said Edward W）著，梁永安譯，《文化與抵抗：「巴勒斯坦之音」的絕響》（臺北：立緒出版社，2004年）。

[19] 羅洛·梅（Rolly May）著，朱侃如譯《哭喊神話》，臺北：土緒，民105年，頁42。

誠如巴蘇亞・博伊哲努所言：

「許多部落仍有一些搭配著神話傳說而運作的禁忌、儀式與思維，譬如賽夏族的矮靈祭、排灣族的五年祭、卑南族的海祭、阿里山鄒族的mayasvi祭典等……。這些紛繁多樣的神話、宗教、儀式、觀念與習俗交織而成的綜合體，形成整體而獨特的氛圍或文化情境，使今日得以與古相連結，讓部落依舊充滿神話的氣息。」[20]

誠如以撒克・阿復（Isak・Afo）所言後殖民論述乃是爭回論述權（taking "discursive power" back），也爭回以原住民主體來重新塑造價值的文化生成體系[21]，爭回論述權擺放在神話來看。就是一種對神話的文化再造論述權。

這是一項艱難工作，它意謂著必須在無歷史及無主體性的原住民資料當中，重建出屬於原住民的認同來。這篇以神話，特別是原住民的神話繪本重建的重要性，來說明臺灣原住民如何在口傳文字、口語傳播，無法用文字紀錄過往發生的事與經驗的限制之下，珍視自己符號象徵系統紀錄，如神話和傳說等，來建構出來屬於自己的文化屬性，特別是神話，那麼神話到底有什麼重要性呢？

參、神話的重要性

過往歷史當中，原住民本身會以扭曲自我形象來包裝自我以融入臺灣主流文化敘事主體，如吳鳳故事，如果沒有經過考察與詮釋，那麼這樣的錯誤將使原住民文化被誤傳，因此這突顯出來原住民文化的詮釋變得重要。因此將找尋最古老資料庫：神話，來行文化復育工作。比方考察原住民兒童繪本當中神話的詮釋部分，甚至於是針對現今在原住民文化復育部分，是否有符

---

[20]　巴蘇亞・博伊哲努（蒲忠成）所著《臺灣原住民的口傳文學》，臺北：常民，1996年，頁34。
[21]　以撒克・阿復 （Isak・Afo）所著《原住民族運動・媒體・記憶：後殖民進路》，臺北：翰蘆出版，2016年，頁126。

合過往部落傳統裡的神話，是否有抽離部落原始思維進行反思？[22]

一、神話乃精神文化的導引

　　神話可以說是民族集體創作，特別是在原住民部落之中，許多文獻化的神話，神話形式已然解體或意涵已不復原始，然而在原住民祭典儀式或母語神話當中，仍然有借鑑及參酌，因此若能詮釋得宜，神話不會是死的殘餘物，而是能夠穿越時空，使文化精神再現。

　　如李亦園說過：「如果解讀得法，神話非但可以不再是某種已死去的文化殘留，它同時亦可以穿越時空，成為我們現代生活精神文化的導引。」[23]

　　文化人類學家馬林諾夫斯基說到：「神話既非信口開河的狂言熱論，亦非漫無意義的空想虛構，而是踏實工作的十分重要文化力量。……神話是部落的神聖知識，……幫助原始人的強有力的工具，承先啟後，使其文化遺產的兩端得以銜接。」[24]

二、神話回應原住民真正的歸屬與認同上，不應在文化商業炒作上

　　神話可以找到共用符號、圖騰、語言、敘事，或者說是一種原住民文化原型的復育對神話詮釋得當與否，乃在於是否能夠呈現神話真實文化意涵以建構真正原住民的歸屬與認同；若只是站在殖民文化本位思考或者商品觀光消費上，那麼文化或神聖口傳說法終會遺忘或集體失憶；我們應避免過度詮釋，此乃是其對神話原有意涵的扭轉、刪改、增減或過度引申或者渲染等。關於良性原住民神話的文化詮釋乃是能因應其文明之需要及語言條件，而進行涵化，而非過度同化及壓制，並且使原住民族群意識有所覺醒。

　　大衛・利明認為：「神話一詞源於希臘語的mythos，其語根是mu，意為

[22] 吳仲徹等，《原住民身分認同與神學》（花蓮：玉山神學院，2012年），頁149。

[23] 間引自巴蘇亞・博伊哲努（蒲忠成），《原住民的神話與文學》（臺北：臺原出版社，1999年），頁50。

[24] 馬林諾夫斯基著，朱岑樓譯，《巫術、科學與宗教》（臺北：協志工業叢書，1989年），頁77及80。

『咕喂』，即用嘴發出聲音之意。太初有道，道與上帝同在，道就是上帝，這是猶太─基督教的聖傳。中國的道對古代中國人，婆羅門對古代印度人也具有同樣的意義。道是想像力的終極表達，即終極神話。」[25]

由伊利亞德看來：「對宗教史學家來說，所有神聖事務的開顯都非常重要；所有儀式、神話、信仰或神的形象，都在反映著神聖的經驗，因此蘊含著對於存在、意義和真實的觀念。」[26]

按伊利亞德看來，神聖宗教現象，乃是透過神話方式被傳講，當中富含原型的重複，神話乃是生命與神聖相遇的生命形式的再現。由此看原住民神話所傳達生命，乃是透過原住民的直覺體現其形式，藉由生命敘事傳講出這樣的感動時刻，神話傳達出原住民面對起源以及生命奮鬥給予象徵式的理解，而後子孫藉由詮釋或儀式化方式，加以傳講。

這神話所創造的文化乃是第一自然，而被傳講內容乃是第二自然。

然而在現今，我們以第二自然傳演第一自然，特別是在觀光掛帥、資本主義至上的商業活動當中，我們看到文化祭儀重製第二自然，仿效原住民的節慶活動以吸引人，並且簡化的方式將過去神聖的祭儀、節慶活動，以快速並且涵化方式吸引群眾注意，這樣的原住民文化精神究竟可以再現？這會不會是對原住民神話過渡渲染或刪改或過度引申，而導致文化被傳講過程中喪失了第一自然呢？

或者我們可以去問臺灣的原住民幽靈究竟在商業炒作之下，在熱鬧的文化祭儀上可以被再現嗎？如火如荼的各項節慶活動、祭儀舞蹈可以返回原住民之根本嗎？或者根本已經移易，成為無鄉的原住民當代文化呢？

當我們這樣去問的時候，我們必須考察整個原住民的幽魂文化的根源處在哪？若按照榮格所言，當未有文字符號之處，人與神聖接觸之後會以神話的方式來傳達這相遇本身。於是榮格《轉變的象徵》談到：「就在我剛剛寫完手稿的時候，我突然想到：有神話的生活意味著什麼呢？沒有神話的生活

---

[25] 見[美]大衛‧利明著，閻雲翔譯，《神話的意義》，收錄於袁珂主編：《中國神話》第一集（北京：中國民間文藝出版社，1987年6月），頁354。

[26] 默西里‧埃里亞德著，吳靜宜、陳錦書譯，《世界宗教理念史：從石器時代到埃勒烏西斯神祕宗教》（臺北：商周出版社，2001年），頁29。

又代表著什麼呢？一位教父說：神話是那種『在任何地方都始終被任何人相信著的東西』；因此認為自己可以不需要神話、可以在神話之外活著的人就是一個例外。他就像是一個被連根拔起的人，與過去、與仍在我們身上繼續著的我們祖先的生活、甚至與當代人類社會均沒有任何聯繫……他在一廂情願的狂熱中沉溺於他自己的發明，卻相信那是剛剛被他發現的真理……」，[27] 換句話說，探討神話的面向，會是直接瞭解原住民文化精神最重要的路徑。神話是文化之根，它牽扯著過去，使我們與祖先或神靈或說是文化精神生命連結在一起。

三、深層神話文化詮釋有益建立自我認同

神聖宗教現象，乃是透過神話方式被傳講，當中富含原型的重複，神話乃是生命與神聖相遇的生命形式的再現，透過原住民的直覺體現其形式，藉由生命敘事傳講出這樣的感動時刻，神話傳達出原住民面對起源以及生命奮鬥給予象徵式的理解，而後子孫藉由詮釋或儀式化方式，加以傳講。

神話是部落文化命脈敘事故事，對於文化認知與價值可以由神話詮釋來理解，這有助於重建原住民身分認同。如馬林諾夫斯基談到：「這些情操規定著一人對他同群的分子，尤其是他的親屬，對於他所住的地方，對於他四周的物質設備，對於他所在而工作的社區，對於他所有巫術的、宗教或玄學的宇宙觀中的實體等種種態度。……規定了的價值及情操常能左右一人的行為，所以有人能視死如歸，能茹苦如飴，能克己節欲。」[28]

由神話所建構的文化意象常是屬於這族及這所在所發生的種種事件，這事件的詮釋規定了價值及情操，給予了身分認同指示性方向，那麼所有人就能認同並且奉之不違，視死如歸，克己節欲。

神話可以找到共用符號、圖騰、語言、敘事或者說是一種原住民文化原型的復育，對神話詮釋得當與否乃在於是否能夠呈現真實文化意涵，以架接

---

[27] 間引自馮川著《重返精神家園——關於榮格》（臺北：笙易，2001年），頁54-55。

[28] 見[英]馬林諾夫斯基所著，費孝通等譯，《文化論》（北京：中國民間文藝出版社，1987年），頁8。

真正原住民的歸屬與認同，若只是站在本位思考或者商品觀光消費上，那麼文化或神聖口傳說法終會遺忘或集體失憶，過度詮釋乃是其對神話原有意涵的扭轉、刪改、增減或過度引申或者渲染等，關於良性神話的文化詮釋乃是能因應其文明之需要及語言條件，而進行涵化，而非過度同化及壓制，使族群意識有所覺醒。

肆、建立兒童神話繪本深度文化詮釋的重要性

一、去除被壓抑的聲音

　　對原住民的神話繪本了解，這了解必須有著深厚文化詮釋，文化詮釋是什麼呢？根據瑟戈比亞（Fernando F. Segovia）說法是要在景況裡發掘被隱藏的聲音，被壓制的心聲。[29] 也就是說，我們必須針對神話現象提供深層的詮釋基礎，找尋可能被誤解或誤植的詮釋，而予以意義性的重新建構，找出可能存在的意識形態或者權力交織模式。當然詮釋神話繪本是基要的工作，也是進行文化重建的重要工作。

　　深度文化詮釋有利於建構真實自我，誠如紀登斯（Anthony Giddens）說到，虛假自我壓抑及排斥了表徵個人的原始思維、情感與意願，如此真實自我感受空虛與不真實，[30] 所以原住民自我認同必須是忠於原始思維、情感與意願，如此在自己身分上才能真實找到自我價值與信念。

　　繪本對兒童的自我認同的啟蒙，有著相當作用，我們必須在原住民的兒童教育中用心經營兒童神話繪本教育。

　　在後現代語境當中，原住民的神話兒童繪本是在傳統與現在，空間與時

---

[29] 此乃針對聖批判所提出的文化研究，也就是說經文與讀者之間互動，不是單面向，而是不同的讀者，由於所處不同社會地位和處境，在不同時空下，不同閱讀方法和策略，所得到多維度多向度的意義感。出於Fernando F. Segovia, "Pedagogical Discourse and Practices in Cultural Studies: Toward a Contextual Biblical Pedagogy", in *Teaching the Bible :The Discourses and Politics of Biblical Pedagogy*,(ed.Fernando F. Segovia and Mary Ann Tolbert; Mary knoll,New York:Orbis Books,1998),p143.

[30] 安東尼‧紀登斯著，趙旭東、方文譯《現代性與自我認同──晚期現代的自我與社會》，，新店：左岸，2005年，頁272。

間裡進行文本的穿梭（crossings）閱讀，在多元文化的臺灣社會裡，兒童必須由小就能學習相互交融（fusionof different horizons），視域交錯，彼此互滲與整合，將有助於原住民針對自身文化的復甦與希望建構，因此，對原住民神話兒童繪本深度文化詮釋可以呈現出原住民人文精神的昇華，並且對自身的身分進行有意義的角力與定位。

二、避免霸權或資本主義殖民，以幽靈之法

　　神話深度文化詮釋，有利於原住民身分認同，尤其能夠在啟蒙時期兒童身上就建構起深度認同，我想很重要，所以屬於原住民兒童的神話繪本的再製及出版有其時代的意義。失去神話之根的原住民文化祭儀，也顯得流於商業形式化，比方重視各族文化祭儀而不去考察神話的結果，那麼就會淪為表面膚淺的儀式再製，而忘卻神聖連結，如此也遺失了原住民文化重要精神遺產，若沒有神話深度文化詮釋，那麼在文化政策及理念的執行上將顧此失彼，貽笑大方。

　　福山在1992年出版了《歷史的終結及最後之人》一書，說明20世紀下半期人類在迅猛的科技發展的條件下，社會意型態、道德倫理觀念，以及文明演進模式等發生的相應變化：在繼續深入地闡釋歷史終結論的同時，分析和闡釋了自由、民主發展到頂峰之後的「最後之人」的問題，並以此闡釋歷史終結後的人類狀況。福山在1980主張我們已達到意識形態進化的終點。他在《歷史終點》中提到了西方國家自由民主制是人類社會演化終點，歷史終結最後的人不一定幸福，因為終結並未給他們認同感，這造成精神空白。[31]

　　以福山的最後之人，我們去設法思維原住民失去認同的最後之人該是如何呢？在終極自由主義發展的資本主義之下，最後的原住民該是如何呢？在面臨世代的挑戰之後，這些原住民又如何回歸自我的主體的可能性呢？如何去除精神空白，而讓原住民仍有幸福感呢？

　　為了避免原住民被文化霸權或資本主義殖民，我擬以新的深度文化詮釋

---

[31]　Francis Fukuyama, 'The End of History' ,The National Interest,16(1989).pp.3-18.

方法：以幽靈之法，來說明原住民兒童神話繪本的重建。

　　筆者以為神話遺產不能淪為淺薄的商品呈現或者主流文化作秀而已，它應有回應原住民祖靈或神靈召喚的可能性。

　　幽靈之法源自於德里達的《馬克思的幽靈》是關於遺產繼承問題，特別是馬克思主義。筆者以為，以此方法來解釋如何在原住民兒童神話繪本故事裡保存原住民文化，誠如德里達所說的馬克思主義只存在各式各樣的不同解釋中，不只是理論解釋，也有改造世界及文本的可能性，同樣的，關於原住民的神話遺產來說，不能只能一種官方說法，或者某些訓誡法令而已，而應該要回到不同理解詮釋及延異的可能性，才能再創原住民生命的自我認同價值，並提供反省批判的可能性，唯有向下紮根，才能建立深層自我認同。

　　筆者以為以幽靈之法進行深刻的文化詮釋面向來解讀原住民文化，以建立與祖靈或神靈的生命連結，尤其是神話精神遺產陸續式微的同時，這樣的重建原住民兒童神話繪本解讀工作是特別重要，在殖民之後或資本主義殖民之後，尤其在資本主義當道，消費文化符號的可能性情況之下，回復原住民的自我認同，將由這樣的神話繪本重建做起，以負起文化傳承之重責。

伍、細說幽靈法，來說明原住民的生命之道

　　原住民歷經多次殖民，更包含了現今資本主義之下商業的殖民文化，這受壓迫的他者鬼魂面對各方霸權時，如何回應及面對，以揭露或質疑被生存者遺忘或視為理所當然的不公義現象呢？有關原住民神話兒童繪本長期被忽略，這篇文章希望能挖掘原住民兒童繪本的重要性，並重新注入以文化哲學詮釋觀點，以期提供繪本的深度思考與未來文化保存的發展策略與方向，避免造成無幽靈的原住民文化精神，讓原住民文化，空有形式而未有實質內容的窘境。

　　筆者談到了原住民的自我認同的重要性，更希望由原住民兒童神話繪本來重建原住民的啟蒙兒童自我認同，使其產生自尊自重的真實自我。那到底如何深度文化詮釋原住民兒童神話繪本變成很重要，在下一篇章當中，我將進一步舉例，但在此之前，我們先來解釋幽靈之法。

一、原民神話繪本與幽靈法

鬼魂或是幽靈，最重要是在德里達的《馬克思的幽靈》（Derrida, 1993）中談到，以一種幽靈學的系譜來揭露與質疑所有壓抑的可能性，包含在資本主義之下，受壓抑的幽魂，設法呼喚一種幽靈學批判，讓我們在習以為常的矩陣單向度世界中，出走或者說逃離被宰制或操控的命運。

所以用Derrida「另類的世界」來去擾亂「具現代體制精神的世界」。我們使用德希達的幽靈說法乃是強調對霸權譴責政治介入面向。

德希達強調幽靈的出現與纏繞乃是因為主體霸權與壓抑，「霸權乃操作者壓制，也因此確定幽靈纏繞的必然性。此糾纏緊附於每一霸權的結構內部」[32]，也就是賴世雄談到的「幽靈總以自身魔幻的時間邏輯，飄忽不定地來去，不斷地強硬翻轉歷時性歷史，以述說不公不義的事件之姿，重回當下，纏繞主體己說的霸權內部，絕不妥協。」[33]

我們使用幽靈法，來說明原住民的生命之道，也就是「某人，您或我，趨步向前，並說了：我終於想要學怎麼活」（Derrida語），幽靈乃是表明在壓抑之下，這些幽靈盤旋，揮之不盡，它們透顯著所有纏繞，乃是抗議著不公不義，所有幽靈召喚想要傳達文化的基因，這些文些基因無法在壓抑之下被表明，它與古老根源神靈精神要傳達給我們的相關，我們在現代化或說民主化或說是過度商業化之後，這幽靈是否已不復存在？筆者想問是：在歷經各式各樣的殖民之後的原住民幽靈，是否仍存在呢？

在此，神話詮釋，將有如幽靈法般，以貼近原住民文化底蘊，如實展現古老神話中傳達的文化基因，展現古老的生命情境，包含他們怎麼面對大自然等，如此才能去除文化宰制霸權，去除過度商業化炒作，導引原住民建構自我認同形象，而回返根源神靈之原住民之子形象。

神話是以隱喻或象徵方式傳達祖先的宗教觀與生活方式，這樣的神話探

---

[32] Derrida,Jacques. *Specters of Marx:The State of the Debt, the Work of Mourning, and the New International.* Trans. Peggy Kamuf. New York:Routledge,1994.p.37.

[33] 賴俊雄著，《回應他者──列維那斯再探》，臺北：書林，2014，頁391。

究是原住民神話的尋根方式，也就是說探究神話的兒童繪本，來找尋原住民的文化精神價值或者說建構形上價值，變成是特有的原住民幽靈尋獲方式，因之我們稱之為幽靈法。

二、幽靈法避免文化成了資本主義商品化

這樣的幽靈法必由原住民神話的兒童繪本找尋，它避免齊澤克所批判的在文化祭儀中，儀式有可能淪為商品拜物教方式被崇拜。

齊澤克以為商品拜物不只存於意識之中，也存在於社會行為之中，拜物教如同馬克思所言是虛假意識，如貨幣本身不神祕，但貨幣體現了直接財富，那是幸福的來源，才能與愛的實現，如同馬克思所言：貨幣力量有多大，我的力量就有多大[34]。

文化政策之下，原住民部落如火如荼展開各式各樣祭儀，似乎讓我們以為原住民文化以此種方式復興起來，然而這樣的文化祭儀有可能是迷戀物，它讓我們假裝接受現實如其本然的狀態，也讓你完全參與在資本主義商業化的祭儀瘋狂步伐裡，丟失了所謂的原住民真實自我身分。

誠如齊澤克所言：「迷戀物扮演起極具建設性角色，讓我們適應嚴厲的現實：戀物癖並不是迷失在自己私密世界裡的夢想者，他們全然是現實主義者，能夠接受事物究竟是怎樣——因為他們有能夠執著的迷戀物，可以消除現實的全面衝擊。」[35]

所以原住民兒童神話繪本的幽靈詮釋顯得格外重要。在原始神話裡，特別是繪本裡描繪的文化現象具有文化詮釋的領先權，因為它是最初始的第一人詮釋，在未被意識形態過度框架中，它保有自身的自由，未被過度詮釋及消費的神話，在是與否當中，以隱晦自身方式，逃避了字詞的侷限，以遊牧方式，在同一源頭當中擺盪，在能指與所指之間疏離原先要義，而以啟蒙（非理性）方式給予兒童更多創新的詮釋，這兒童繪本文本近乎第一自然，

---

[34] 韓振江著《齊澤克：新馬克思主義批判哲學》北京：人民出版社，2014年出版，頁37。
[35] 斯拉維·紀傑克（Slavoj Žižek）著，林靜秀、曹君如譯《論信仰》，新北市：臺灣基督教文藝出版社，2012年出版，頁12。

尤其是神話的兒童繪本更是，而觀眾在接觸神話的兒童繪本更能給予無限想像空間去設想，我們的祖先？他們的生活方式？各式各樣的圖騰表徵？在生命敘事之下的形上體系價值的圖繪方式究竟該為如何？幽靈法可以藉由神話體現原住民的生活世界，其中所指涉的，那不可言說的神聖世界，也啟迪了原住民對於文化根源的嚮往。

宗教現象學有名學者伊利亞德（Eliade,M.）所言：

> 「人之所以會意識到神聖，乃因神聖以某種完全不同於凡俗世界的方式，呈現自身、顯現自身。為指出神聖自我顯示行動，我們採取『聖顯』（hieophany）一詞。……也就是神聖向我們顯示他自己……神聖相當於一種『力量』……『實體』。神聖被存在所滲透。神聖力量就是實體。」[36]

神話中經常透顯出神聖力量，神聖力量的恢復，意謂著其神話當中所傳達的文化精神，或者我們稱之為與神鬼相關的幽靈說法，德里達談到馬克思的幽靈，我們可以改成在馬克思之後的資本主義社會，其原住民的幽靈是否存在著原有的精神呢？我們要問的是原住民經由殖民之後，特別是在資本主義商業殖民之後，這些殖民的原住民幽靈尚且存在否？

這幽靈對於原住民的自我認同尤其重要，特別是面對他者強勢入侵文化尤其重要，關於這樣的一股靈力，或者我們稱之為原住民殖民之後的幽靈，可能存在於原住民兒童神話繪本的描述或者深度解讀嗎？若無存在對原住民兒童神話繪本的幽靈的文化詮釋，而只是對原住民兒童神話繪本淺薄文化哲學詮釋，那麼這樣對原住民自我認同重建是不夠的，因為它不足以接近內在的原住民神話本質詮釋，原住民神話扁平化，不夠深化成為原住民幽靈把握，以傳遞真正的原住民文化精髓，如此顯然輕忽住民神話兒童繪本中深度文化詮釋。

---

[36] 伊利亞德著（Eliade,M.），楊素娥譯《聖與俗——宗教的本質》，苗栗：冠桂，2000，頁63。

總結

　　原住民兒童神話繪本的重建對於原住民自我認同具有相當重要性，它使啟蒙時期的兒童如何在歷史存有缺席的狀態裡，思維作為歷史性存有的原住民身分，該如何脫胎換骨在眾人的眼裡。

　　筆者強調以幽靈法來進行原住民兒童神話繪本的重建，目的是避免典當了傳統原型，回覆了以幽靈法來進行祖先或先靈溝通，那殘存於潛意識底層以神話、夢境、祭儀或圖騰方式呈現的原型，逃脫了可能性的霸權或殖民宰制，設法不讓自己在僵化文化政策底下文化質變。

　　解讀原住民兒童神話繪本乃是一種文化尋根之旅，神話的靈力探索，陳述了每一個族群精神力量向度，依此而生的圖騰以及文化祭典活動，更足以說明了原住民與生活世界之間奮鬥的神聖生命敘事。

　　若按李維史陀的人類學式探究，這樣的文化意涵也可以由神話裡形構出來，在未有殖民宰制之前的原住民祖先，其與生活世界接觸意象為何，這些被殖民的原住民神話傳說，顯然以直截力量傳遞出更為潛意識的溝通方式，以向我們示現原有的幽魂現象，或者我們說，是未拘執的生命形式的追尋。

　　這些向靈魂吟唱的神話傳說，以不固著的意識形態傳達出原住民先民的歷史，這些歷史顯現了未經污染的原住民生命史，這也是確定原住民自我認知重要溯源歷史重建計劃，當我們不經由考察審視詮釋過往神話的歷史時，我們有可能誤植了虛構的自我認同而不自知，特別是在強勢殖民文化之下，尤其是在資本主義社會生活世界殖民之下，我們改寫了原住民文化認同而不自知。

　　幽靈法雖然呈現了斷裂不連續的孤立符號或聲音方式存在，但是它設法在逃離這些符號聲音宰制，還是在主流宰制的商品遊牧之後，在眾人的遊戲規則中，互換價值，呈現不同面貌，以出脫方式展現了直接與祖靈溝通的意義價值來，也因此可能在文化斷裂之處出現了不連續的連續性，或說呈現了原始意象的自然來不易被補捉。

　　原住民幽靈法閱讀方式如此也比較不易被文化政策犧牲，因而在商業模

式下避免典當了文化集體的靈魂，原住民兒童神話繪本對兒童的自我認同的啟蒙，有著相當作用，原住民的神話兒童繪本是在傳統與現在，空間與時間裡進行文本的穿梭（crossings）閱讀，在多元文化的臺灣社會裡，兒童必須由小就能學習相互交融（fusionof different horizons），視域交錯，彼此互滲與整合，將有助於原住民針對自身文化的復甦與希望建構，幽靈法對於對原住民兒童神話繪本的文化詮釋，可以呈現出原住民人文精神的昇華，並且對自身的身分進行有意義的角力與定位。

參考書目

《再現2%的希望與奮鬥》，關曉榮，臺北市：南方家園文化，2013

Elleke Boehmer，盛寧譯，《殖民與後殖民文學》香港：牛津大學，1998年

[意]安東尼奧‧葛蘭西：《實踐哲學》，，徐崇溫譯，重慶出版社，1990宋國誠著《後殖民論述——後法農到薩依德》，臺北：擎松，2003

Said Edward W，《文化與抵抗：『巴勒斯坦之音』的絕響》，梁永安譯，臺北：立緒出版社，2004。

羅洛‧梅（Rolly May）著，朱侃如譯《哭喊神話》，臺北：土緒，民105年。

巴蘇亞‧伊伊哲努（蒲忠成）所著《臺灣原住民的口傳文學》，臺北：常民，1996年

以撒克‧阿復（Isak‧Afo）所著《原住民族運動‧媒體‧記憶：後殖民進路》，臺北：翰蘆出版，2016年

吳仲徹等著《原住民身分認同與神學》，花蓮：玉山神學院，2012年

巴蘇亞‧博伊哲努（蒲忠成）所著《原住民的神話與文學》，臺北：臺原，民88年

默西裡‧埃裡亞德著，吳靜宜、陳錦書譯，《世界宗教理念史：從石器時代到埃勒烏西斯神秘宗教》，臺北：商周出版社，2001年

[美]大衛‧利明所著，《神話的意義》，閻雲翔譯，收錄于袁珂主編《中國神話》第一集，北京：中國民間文藝出版社，1987年6月

馬林諾夫斯基《巫術、科學與宗教》，朱岑樓譯，臺北：協志工業叢書，1989年

[英]馬林諾夫斯基所著，《文化論》，費孝通等譯，北京：中國民間文藝出版社

韓振江著《齊澤克：新馬克思主義批判哲學》北京：人民出版社，2014年出版

斯拉維‧紀傑克（Slavoj Žižek）著，林靜秀、曹君如譯《論信仰》，新北市：臺灣基督教文藝出版社，2012年出版

伊利亞德著（Eliade,M.），楊素娥譯《聖與俗——宗教的本質》，苗栗：冠桂，2000

賴俊雄著，《回應他者——列維那斯再探》，臺北：書林，2014

Ngugi Wa Thiong'o,Decolonising the Mind:the Politics of Language in African Literature(Harare:Zimbabwe Publishing House,1987)

Bill Ashcroft, Gareth Griffin and Hellen Tiffin (eds.) The Post-colonial Studies Reader,London and New York:Routledge,1995

Edward W.Said,Covering Islam,New York:Vintage Books,a Division of Random Huouse Inc, 1981

Stephen Slemon, "Modernism's Last Post", in Past the Last Post:Theorizing Post-Colonialism and Post-Modernism, edited by Ian Adam and Helen Tiffin,New York:Harvester/Whetsheaf,1991

Fernando F. Segovia, "Pedagogical Discourse and Practices in Cultural Studies: Toward a Contextual Biblical Pedagogy", in Teaching the Bible :The Discourses and Politics of Biblical Pedagogy,(ed.Fernando F. Segovia and Mary Ann Tolbert; Mary knoll,New York:Orbis Books,1998

Derrida,Jacques. Specters of Marx:The State of the Debt, the Work of Mourning, and the New International. Trans. Peggy Kamuf. New York:Routledge,1994

第八章　幽靈法展現在原住民母語神話閱讀策略 ——以泰雅族狩獵神話為例

前言

　　臺灣原住民四百年來，歷經殖民政權的侵略和統治，不僅土地遭到侵占，語言文化也消失，因此筆者希望能夠建構母語原住民神話兒童繪本圖庫，藉此由小紮根，進行兒童啟蒙教育，是最具有啟發性，這便是筆者所謂的深度文化詮釋法，也就是「幽靈法」，幽靈乃是指將底層聲音挖掘，去除殖民的霸權，去除商業消費帝國的炒作，以虔敬態度使用自己母語建立與祖靈溝通管道，召喚著在神話當中潛藏的文化意識，如此才能「幽靈的顯現」，復返正義，活出自我價值肯定，並將氣韻與神態再度體現在原住民子民身上，使其成為有根的民族，這篇將透過泰雅族為例，來進行以上探究。

壹、認同策略：「幽靈法」

一、以列維那斯來看馬克思的幽靈

　　原住民要去建立認同，必須對自己文化，特別是神話中根源有著火般自信，因此原住民必須建立自己與神話文化之間的連繫，並且對根源神話做深層文化詮釋，因為深層文化詮釋乃去挖掘內在隱藏聲音，而這挖掘內在聲音怎會與幽靈有關呢？

　　鬼魂或是幽靈代表著要去揭露被壓抑的聲音，它代表著有事未做或有冤難伸，它也可說是一種譬喻，賴俊雄以為鬼魂或是幽靈，最重要是在德希達的《馬克思的幽靈》（Derrida，1993）中談到，以一種幽靈學的系譜來揭

露與質疑所有壓抑的可能性。賴世雄以為德里達的《馬克思的幽靈》說明著幽靈纏繞著我，並反覆出沒，其乃是作為「對不可公義現象未解」。「幽靈的顯現不僅是一種政治性的干擾與命令，更是用來維繫正義的一種倫理的懇求。它不僅具有死亡的臨近屬性，同時也是對不公不義現象永不妥協的問題化（無盡纏繞）。」[1]

召喚鬼魂的趨勢，不只是表達此種與亡魂溝通的政治欲望，也是面對人世間不義的倫理行動。[2]

幽靈在人間出沒是獨特事件，在某特定情境下決斷下出場，迫使不公義現象得以聚焦，被感知、言說、爭辯及糾正。如賴俊雄先生所言：「一方而來，乃幽靈此刻進場的姿態（幽靈在人間每一次的出現與消失，均是一次獨特的事件，一次特定情境下決斷的干擾與質問）。進場，幽靈在開幕時顯現，表達的是一個姿態佝僂的聚焦問題（問號作為一種解構的可能性）、一種哀悼後的憤怒、一種政治收斂性的決斷，迫使懸宕未決的不公不義現象得以聚集，被感知、言說、爭辯、糾正與彌補。」[3]

臺灣諸原住民族四百年來，歷經各個外來殖民政權的侵略和統治，土地遭到侵占，語言文化慘遭滅絕，對於原住民文化復甦教育，由語言文化起始，而語言文化當中的啟蒙教育，最重要且直接方式乃是由描繪原住民生活方式的兒童繪本開始，而神話是接近原住民起源的文化現象，更是不可不察。

這樣的幽靈法必由原住民母語神話的兒童繪本找尋，它避免齊澤克所批判的在文化祭儀中，儀式有可能淪為商品拜物教方式被崇拜。是時候讓幽靈此刻進場了。

二、幽靈法展現於母語神話靈力召喚上

幽靈法展現於母語神話靈力召喚上。以原住民的母語來進行部落神話兒童編製，將是有利於原住民恢復自信，認同自己歷史與文化發展，並重建原

---

[1]　賴俊雄，《回應他者——列維那斯再探》（臺北：書林出版社，2014年），頁381。

[2]　賴俊雄，《回應他者——列維那斯再探》（臺北：書林出版社，2014年），頁414。

[3]　賴俊雄，《回應他者——列維那斯再探》（臺北：書林出版社，2014年），頁367。

住民的主體性的可能。

　　誠如張秋雄所言：「原住民在後殖民時代，常以母語進行寫作是恢復民族集體記憶的必要手段。這和世界原住民的文學，借重於傳統神話來恢復土著對自己歷史和文化上的認同；而神話表達又必須採用母語，因為，只有使用母語才能表達出原住民民族文化的精髓和神韻；也只有在母語的文化意涵裡去思考，才能意識到母語所承載之文化與傳統的主體。」[4]。

　　原住民神話兒童繪本探討原住民的自我認同究竟如何論述形構而成，神話是以隱喻或象徵方式傳達祖先的宗教觀與生活方式，這樣的神話探究是原住民神話的尋根方式。這裡的自我認同強調以神話方式，特別是兒童繪本當中的母語神話的重要性，以祈望能夠以幽靈法回覆原住民祖靈呼喚，達到原住民本真的自我認同。

　　誠如德希達在《他者的單語主義──起源的異肢》[5]談到：「這個與傳統斷裂、無、歷史無源、遺忘、不可解讀性種種：這些激了一個尋根的動機，一個對自己話語的欲望，強迫性記憶衝動，……」

　　在現代語境裡深入原住民故事與傳說，找尋其重要性，進行跨文化的文化詮釋，才能使原住民認同自己的文化特質，如此才能建立真正健全的自我認同。如果不深入考察神話當中的文化哲學詮釋，那麼原住民的自我認同便會流於法令的禁令，而失去原有風貌。

　　事實上，若只依殖民的宰制者眼光管理制定法令，如《憲法增修條文》帶有殖民色彩的山地與平地原住民概念，又依此制定《原住民身分法》，以認定原住民之不同身分。於是，2016年蔡英文就任總統後，即於8月代表國家向原住民族道歉，以〈原住民身分法修正草案評估報告〉修定原有身分認同漏洞。

---

[4]　吳仲徹等，《原住民身分認同與神學》（花蓮：玉山神學院，2012年），頁106。
[5]　德希達（Jacques Derrida）著，張正平譯在《他者的單語主義──起源的異肢》，臺北：桂冠，2000年，頁65。

貳、以泰雅族母語來建構原住民神話

對於原住民來說，只用單語，便失去母語。我們使用德希達話語來看：
「外來人所強制執行的單語主義是靠著一個基礎，在此，它是透過一個殖民
本質主權。這個主權以高壓方式不停地把語言壓縮成一種，也就是說，壓
縮成同質的霸權。這是到處可見的。我們四處都可看他這個同質霸權在文
化中運作，它把皺紋壓平，把文本壓扁。」[6]，如此看來，這母語失去，文
化便因此失根。

我們以泰雅族Utux為例，以此來說明母語以及非母語談論Utux的差異。

一、原先的母語當中深度文化詮釋

布興・大立認為泰雅族的原始宗教信仰，有位Utux（優圖希）「神
靈」，宇宙萬物、山川海陸、人、動物、植物皆由那位Utux編織而成，所說
Utux是編織的上帝，族人所信的神是編織宇宙、自然與人的世界。在泰雅人
的生活裡，Utux是編織的上帝，那麼，泰雅人的生活，就是要表現織的生
命，除了編布編藤，也展現在紋面的痛苦上，代表每個人身分及伴隨而來的
責任與職分。[7]

這樣的編織關係神學概念，也代表著人在自然中的地位，人與所有大地
萬物之間的互動關係，是互為主體，息息相關。這信仰與價值含藏在每個泰
雅族人的心目中，它是一種自然神學的概念，這編織概念穿透原住民常民生
活，表現在他們衣飾，也表面在他們紋面上。這編織上帝或者說是編織神靈
體，是在關係脈絡當中的存有，人在當中與之互動，必須滋養這一切，而人
死後的靈體，必會回到這關係存有之中，這生活世界與編織神靈體無論身前

---

[6]　德希達（Jacques Derrida）著，張正平譯在《他者的單語主義——起源的異肢》，臺北：桂冠，
　　2000年，頁43。

[7]　布興・大立，《泰雅爾族的信仰與文化——神學的觀點》（臺北：國家展望文教基金會，2007
　　年），頁30-34。

與身後都是緊緊相關，人必須在當中負責並回應這神靈界的召喚。

Utux泰雅族母語譯法傾向於神靈而非祖靈，此不同於李亦園概念。

二、非母語的文化詮釋誤解

李亦園以為泰雅爾族是祖靈崇拜，族人相信死亡是靈魂離開肉體而到了祖先靈魂所在地，所以李亦園說到：「祖靈之崇拜是以集體之祖靈為對象，而不是以個別的祖先為對象，其作用於子孫亦以集體行動為多，少有個別的執行。」[8]但這樣的祖靈觀其實會引發誤會，因為他是受到漢人祖先崇拜的影響。[9]

祖靈的崇拜裡的確有著漢人崇拜觀點，若只是按李亦園說法，神靈、靈體或者祖靈概念會重疊。李亦園祖靈說法，忽略了神靈說法。這祖靈比較像是神靈概念。井上伊之助說泰雅爾族看重那看不見的神靈（Utux），祂是個靈。[10]

神靈是個靈，不單只是祖先崇拜的祖靈而已，也不是是在人範疇的靈而已。神靈應兼具所有的生命的源頭。[11]由神靈（Utux）母語，可以看出這樣的概念鑲製在原住民神話兒童繪本裡。歸結來說，祖靈是由神靈所出，神靈類似西方形上學存有的概念，這神靈之後才能有祖靈概念；祖靈是個媒介，它不應是究竟源頭。

泰雅族的確談到死後之身，這死後之身的確是靈體，是小utux，不是大寫的Utux。如果只講死後之身的utux，可能會誤導原住民真正信仰本身。的確，泰雅族有祖先崇拜概念，談到死後之身是靈體，不是神靈體，交通理解

8　李亦園、徐人生、宋龍生、吳燕合編：《南澳的泰雅人》（臺北：中研院民族研究所，1963年），頁266。

9　布興・大立，《泰雅爾族的信仰與文化——神學的觀點》（臺北：國家展望文教基金會，2007年），頁42。在1961至1962年，李亦園、石磊等人在南澳村田野調查時，針對泰雅爾族的utux說是泰雅爾族的祖先。此可見於李亦園，《臺灣土著的社會與文化》（臺北：聯經出版社，1982年），頁287-301。

10　布興・大立，《泰雅爾族的信仰與文化——神學的觀點》（臺北：國家展望文教基金會，2007年），頁43。詳文可以看井上伊之助著，石井玲子譯，《上帝在編織》（臺南：人光出版社，1997年）。

11　布興・大立，《泰雅爾族的信仰與文化——神學的觀點》（臺北：國家展望文教基金會，2007年），頁59。

靈界存在。也就是說，祖靈不是神仙界，也不是上帝概念，它應是泛在，是在關係脈絡當中的神靈體，藉由死後之身的靈體為媒介，才能回到這神靈體本身。誠如布興・大立所說，他以為祖靈既非神，又非宇宙的主宰，但活著的人心中要有祖靈的心，無論去哪，不能忘記承傳祖靈的生命。祖靈是永遠的根，更是生命認同的源頭。[12]

　　這裡頭其實有自然神學概念，天地神人合一，透過原住民的祖靈及神靈概念，可以在此達到整合，祖靈應是由神靈所出，沒有神靈就沒有祖靈。另外，布興・大立說到：人有人界，靈有靈界，人可以藉夢魂遊靈界，也可以由靈體交通聯繫理解到靈界的存在，通常可以經由巫婆或者靈鳥來擔任媒介。人死後必須過神靈之橋（又稱彩虹橋）[13]到達靈界，與先人一起過著如現世一般人的生活。[14]

　　原住民生命受到神靈界的召喚，神靈界是死後之身的靈體交通到達靈界，通過彩虹橋，可以達到。這靈界裡有著先祖同在，是個與自然、大地和樂之家園。原住民受到神靈召喚，回到大地之起源，與祖先同在，裡頭有著美妙的自然神學的概念，而不是只有在崇拜祖先的概念而已。

三、幽靈鬼影現象中，我說出自己的話

　　在外來語政策下，促使真正自己語言消失，我們所熟悉的是別人的語言，如德希達談到：「我只說一種語言，但是這語言不是我的；我自己的語言，對我而言，是無法被我內化的。我的語言，我唯一能聽到自己說，也是自己同意說的語言，其實是別人的語言。」[15]，比方祖靈的說法。

---

[12] 布興・大立，《泰雅爾族的信仰與文化——神學的觀點》（臺北：國家展望文教基金會，2007年），頁59。

[13] 這橋是人生死亡後，數日間可看到天上架有美麗橋，此天上橋，乃指彩虹，也就是番人所言的靈之橋。此摘要說法乃出於臺灣總督府臨時臺灣舊慣調查會，《臺灣總督府臨時臺灣舊慣調查會：番族慣習調查報告書（第一卷）・泰雅族》，頁41。

[14] 布興・大立，《泰雅爾族的信仰與文化——神學的觀點》（臺北：國家展望文教基金會，2007年），頁53-57。

[15] 德希達（Jacques Derrida）著，張正平譯在《他者的單語主義——起源的異肢》，臺北：桂冠，2000年，頁27。

　　說著別人語言，說著不屬於我的話，這樣就產生了疏離，這疏離看起來沒有疏離，也沒有異化，它構成了語言的特殊性，誠如德希達談的：「這個長存的『疏離』，如同『欠缺』，，看起來是有構成性的。……這個沒有疏離的疏離，這個無法異化的疏離不僅是我們責任的起源，它也構成了語言特殊性及本質。它造成了一個我們細聽自己說話進而說出自己的意思這般的現象。……我們必須理解這個現象只是一個幽靈鬼影。」[16]

　　我們同時說著話，又不是說著自己的話，我們涉身其中，如同魅影，或是雙重人，或說是鬼怪，我們聆聽自己說話，而審視自己說話意思現象，這現象是幽靈鬼影。誠如德希達說的：

> 你是說我們是他們其中一份子？
> 誰，當對我們讀得懂，聽得懂，在此……
> 在此？
> ……或者在彼？敢希望別人相信反面的說詞嗎？誰敢去證明它？[17]

　　語言的復育在消失之後，我們如何創造自我，創造自我認同呢？誠如德希達所言：「我們到底是誰？我們在何處才能找到自己？我們將與何人認同，才能肯定自己的身分和訴說自己的歷史？首先，我們將對何人訴說？我們必須創造自我，我們必須在沒有前例，沒有預設聽眾的情況下發明出一個自己。」[18]

　　在他者單語之中，或許沒有全然母語的語境，或說周遭也沒有人聽懂你所說的，但母語培育是重要的。相信若能持續由幼兒時期，以母語傳達屬己族群的神話故事，或許祖靈也在那當下祕傳了些什麼，用靈力召喚了些什麼，使每位原住民族群回到大地之源，回到神靈召喚，逃脫宰制的幽靈將在

---

[16] 德希達（Jacques Derrida）著，張正平在《他者的單語主義──起源的異肢》，臺北：桂冠，2000年，頁27。

[17] 德希達（Jacques Derrida）著，張正平在《他者的單語主義──起源的異肢》，臺北：桂冠，2000年，頁27-28。

[18] 德希達（Jacques Derrida）著，張正平在《他者的單語主義──起源的異肢》，臺北：桂冠，2000年，頁58。

或明或昧當中呈現，我想那兒有座彩虹橋，等著我們過橋來。

參、泰雅族狩獵神話的身體感

今日的原住民文化實況，如同胡台麗所言：「其實原住民社會嚴重面臨的是文化傳承與認同的危機。」[19]原住民文化少了認同與傳承，那麼就會飛快消失，如同黃美英所言：「目前正以飛快速度從這個世界消失的原住民文化。」[20]

我們進到21世紀思維原住民的主體性問題時，發現原住民族群充滿嚴重的失落感，這失落，除了母語遺失外，還有缺乏與深層祖靈神話的連結，因此我們必須在無主體性、無歷史感的文化脈絡中，重新復育，我選擇探討原住民母語神話建構身分認同最重要的身體感論述，這身體感泛在狩獵文化裡，因此要回返被殖民母體社會重建，我們必須再度深度詮釋與記憶狩獵神話到底說了什麼。

當然，神話是很重要的文本，絕不能丟失，在現代語境裡深入原住民故事與傳說，找尋其重要性，進行跨文化的文化詮釋，才能使原住民認同自己的文化特質，如此才能建立真正健全的自我認同。比方若不懂神話當中狩獵的重要性，其實也失去解讀原住民文化的根源，失根的原住民文化，如何能振興原住民的自我呢？

一、神話兒童繪本當中的狩獵敘事

狩獵文化普遍泛在原住民神話裡，比方射日傳說的故事，廣泛流傳於泰雅族部落。神話中說到當時有兩個太陽，族長與族人共同商議必須射下一個太陽，族長與耆老挑選部落最精銳的三名勇士，把其中一個太陽射下。三名勇士除攜帶乾糧用品，也各背上一名嬰孩隨行，沿路播下果樹及小米的種

---

[19] 胡台麗，〈從田野到舞臺〉，收入行政院文化建設委員會編：《原住民文化會議論文集》（臺北：行政院文化建設委員會，1994年），頁33。

[20] 黃美英，《臺灣文化斷層》（臺北：稻香出版社，1990年），頁61。

子。勇士們老去後，嬰孩長大並接續老人的工作，繼續前進。最後，獵人射死了一個太陽，而夜裡所見的月光，族人則認為那是被射死的太陽屍體（中央研究院民族學研究所編譯，1996；浦忠成，1996）。

同樣的太陽傳說也發生在布農族裡，根據余錦虎所著《神話‧祭儀‧布農族》，[21]太陽與布農傳說如下：在太古洪荒的時代，當時天空有兩個太陽，每天輪流照耀大地，過著有白天沒有黑夜的日子。當時，有對夫婦帶著嬰兒上山做除梳小米的工作，[22]後來孩子在沒注意到的時候變成一隻蜥蜴，於是他們誓言找太陽算帳。傷心欲絕的父親後來與他們的長子帶點小米出發，翻山越嶺，跋山涉水，經歷無數危險與挫折，終於射殺太陽，報了失親之仇。回程時，一片黑暗，找不到水，於是丟石問路，聽到種水的山羌[23]的叫聲，恢復了光明。等回到家時，母親看到長子認不出來，原來他已歷經歲月成了高壯的青年。

二、未深度狩獵文化詮釋：以致污名化

這是發生在神話故事當中的狩獵文化美麗敘事。今日卻發生於狩獵被判刑的「污名化的認同」（stigmatized identity），這就是未經考察神話的錯誤示範。當然，泰雅射日主角身分是指獵人，在神話當中，日常生活的狩獵，已經成為其文化生活的一部分。

狩獵對於原住民族而言，所代表的，不僅是物質層面的，還包含了精神層面的意義。原住民族透過狩獵而產生對於群體文化的認同，與土地的聯繫，產生一定的文化、生活、宗教，構成其原住民幽魂再現價值。如果不深入考察神話當中的文化哲學詮釋，那麼原住民的自我認同便會流於法令的禁令，而失去原有風貌。

2007年聯合國通過〈原住民族權立宣言〉（United Nations Declaration on

---

[21] 余錦虎著（布農語），中文譯者歐陽玉，《神話‧祭儀‧布農族》（臺中：晨星出版社，2002年），頁60-72。

[22] 將過於密集的小米拔掉，疏散小米生長的空間，這是除梳。

[23] 這是「山羌種的水」，是族人對自地底湧出的泉水的水塘說法。父子兩人看到山羌在掘地引水，此羌種的水意味著沒有源頭、不會溢出、不會因任何人的取用而減少的水塘。

the Rights of Indigenous Peoples）第3條規定：「原住民族享有自決權。」第33條第1款又復規定：「原住民族有權依據自己的慣俗與傳統，決定自身的認同跟成員資格。」

原住民的慣習與傳統決定自身認同，而由原住民神話文化詮釋慣習與傳統將更貼近於殖民之前的原住民幽靈，為了避免再誤植入錯誤的生命形象，必須以直覺還原於神話裡的幽靈傳說。

狩獵是原住民文化的一環，我們很難想像不狩獵的原住民文化，也很難不看到在原住民神話出現的狩獵文化，狩獵相關的文化原型或象徵也充斥在繪本裡，所以為避免原住民狩獵污名化的可能性，必須回到原住民神話的兒童繪本裡進行深度文化詮釋解讀。

三、深度解讀狩獵文化

狩獵在整個原住民文化當中占極其重要一環，幾乎每一部落裡都有狩獵，當然這對採集社會來講，[24]是可以理解的事實。

藍姆路・卡造所著的《吉拉米代部落獵人的身體經驗與地方知識》（*The Hunter's Bolily Experience and Local Knowledge in Cilamitay Tribe*）一書當中說到：[25]臺灣原住民狩獵研究可追溯至日殖時期（1895-1945），臺灣總督府臨時臺灣舊慣調查會的調查報告，針對1895至1971年的狩獵調查中，記載著阿美族、泰雅族、排灣族、布農族、卑南族、賽夏族狩獵進行調查，而到了1960至1980年，中央研究院民族學研究所持續進行臺灣的狩獵研究（李亦園，1964；阮昌銳，1994；徐誠埠，1962；黃應貴，1992）。過去研究易忽略了在不同族群涵化，同時面對國家法令的限制及社會值的影響之下，這些都容易成為爭議討論焦點。目前，仍無原住民神話狩獵文化做研究重點。

---

[24] 人類學針對狩獵行為的討論，開始是以「狩獵─採集社會」的文化分類立場，由生產技術解釋文化演進過程，狩獵社會是最基本的生計生產方式（Keesing，1989；王銘銘，2000）。

[25] 藍姆路・卡造，《吉拉米代部落獵人的身體經驗與地方知識》（*The Hunter's Bolily Experience and Local Knowledge in Cilamitay Tribe*，花蓮：東華大學原住民民族學院，2013年），頁20-23。

在1994年里約高峰會議中所簽署的〈21世紀議程以及生物多樣性公約〉，特別提及尊重原住民對待自然方式的傳統文化（紀駿傑，2005），因此生態系統管理（ecosystem management）角度，來看狩獵文化是現今看待原住民狩獵文化的重要方式。

狩獵有其部落的世界觀、象徵文化及儀式，也有採集社會共通的意義的體系，當然其儀式及禁忌為主要的研究項目（Bernard，2004：6），在這篇文章當中，主要是由身為一位在地者，如何針對文化書寫和研究主體的反省，也就是如何詮釋或書寫自身文化，如何看待和理解自身處境，會是一個很重要的文化解讀。原住民如何透過狩獵看待及理解自身處境呢？

狩獵是種身體感，這是很原始的生活世界與自身的感知經驗，透過狩獵的身體感可以表現文化內涵與自我，亦即深刻體現（embodiment），若少了狩獵的身體感，這樣無法體現原住民文人根本源頭，狩獵乃是以身「體會」而「實現」，所以這樣的狩獵體現，乃是可以形構文化的動力與現象，余舜德曾說到：「每個文化都以不同之方式感知內在與外在的世界，各自獨特的文化方式包括以不同的角度組合感覺知覺（senses），或發展出文化獨具意涵之感知的項目（即身體感）。」（余舜德，2003：108）[26]

總結：在原住民神話裡，充滿許多與狩獵文化相關的部落祭儀活動與象徵符號等。神話裡的觀點，代表原住民的生命起源敘事，這敘事交代了原始祖先創世紀的歷史觀，當中祖靈傳達了特定部落，在某時間與空間發生的點點滴滴。而祖靈是很重要的，黑代巴彥甚至說到：「泰雅人對與祖靈的看法，是使自己的心進入臨界的意境來進行這個儀式。所以，他們表現出來的方式，和其他族群用人性的來呈現祭典的形式不一樣。泰雅族的做法，是讓自己的心回到從前人類和神靈可以直接溝通的意境。直接和他們的祖靈溝通對話。」[27]

泰雅族儀式中，有狩獵元素，若抹殺了狩獵的意義，就抹殺了神話當中

---

[26] 間引自藍姆路・卡造，《吉拉米代部落獵人的身體經驗與地方知識》（*The Hunter's Bolily Experience and Local Knowledge in Cilamitay Tribe*，花蓮：東華大學原住民民族學院，2013年），頁38。

[27] 黑代巴彥，《泰雅人的生活形態探源：一個泰雅人的現身說法》（新竹：新竹縣文化局，2002年），頁47。

關於遠古先族的敘事，那麼族人如何去見祖靈面呢？又如何去過橋呢？如何活出祖靈的心呢？又如何編織人與自然大地的關係存有，又如何回應神靈或祖靈召喚呢？

肆、深層文化詮釋以回覆原住民的正義

即便世界在世界著，我們也應深度進行原住民神話文化詮釋，以回覆原住民的正義。

原住民在解消中心、去中心思維之下如何建構深刻自我認同呢？生命不斷發展變化，楊凱麟認為哲學是起源於獨特生命的內在張力，他說：「如果就《千高臺》的問題性來看，差異便是摧毀國家形式的遊牧機器；另一方面，回返的雖是差異，是意味差異的無形式威力，但其實回返的同時也是意味重複的『所有差異的無形式存有』，這種無形式存有就是永恆回歸。」[28]也就是說，即便在變化過程，我們仍需要不斷回歸，在差異尋求一種永恆回歸的可能性，在遊牧飄盪中找到存有棲身之地。我們在深度文化詮釋當中，莫忘回應當今世界的變化，也許在不確定當中會有瘋狂的可能性，決定的剎那可能是種瘋狂狀態，然此瘋狂狀態也提供我們一個救贖的可能性。[29]

我們期待翻轉不公平、不正義的可能性，期待救世主的來臨，德希達談到解構的馬克思主義，其實就在廣泛的懷疑論，甚至在終結論盛行氛圍之下提出對不公平、不正義的回應。福山所言的最後的人，我們期盼能在歷史終末中，能夠建構屬己的文化認同，雖這認同不斷差異變化著。

此篇文章，筆者希望由能夠建構母語原住民神話兒童繪本圖庫，使原住民可以找到自己回家的一條路，而不是處於失根焦慮瘋狂之中。

---

[28] 楊凱麟，〈德勒茲哲學中的思想與特異性〉，載於《國立政治大學哲學學報》2014年第31期，頁128。

[29] 這裡德希達引用了齊克果的話來說明。引自Jacques Derrida. *Writing and Difference*. Trans. Alan Bass. Chicago: Chicago UP,1978, p.31.

一、「幽靈的決斷的政治學」

　　面對這世代，賴世雄在閱讀德里達之後，提出了一個「幽靈的決斷的政治學」，它是說明政治學如幽靈，擺盪在知識與規範中肯定懸宕（affirmatory suspension），讓正義的意義永遠無法正義化，從由使無法決斷通往決斷的正義之途，這正義的意義會不斷產生新質變，而幽靈本質的政治決斷必須是在場與不在場之存有間隙場域，是指向與連接一種極度脆弱性的倫理，毫無差異地關顯他者的痕跡（臉龐），它對抗了整體霸權的而去疆域或去中心。[30]

　　筆者以為原住民的認同運動，甚或者原住民的土地正義，它應立基於在場與不在場之間存有空隙，它應對抗整體霸權，並且去疆域或中心。

　　我們必須思考如何回應祖靈的召喚，或說是神靈體的召喚，來揭示被生存者遺忘或者視為理所當然的不公義現象。特別是在政治上，我們面對理智斷裂時，面對形上的斷裂，如何制定合理合宜的政策，以及如何執行時，都必須要深度文化詮釋，以去除壓迫，讓原住民本身是其所是，不違文化的本身。

　　以深度詮釋原住民神話的方式特別重要，特別是以母語的方式紮根於兒童啟蒙的繪本當中來執行。我想面對這樣的解讀，以幽靈方式來進行深度詮釋解讀將是可行方式，以母語與神靈體溝通，保存原住民原始神話內涵，無過度詮釋或者錯誤詮釋神話的可能性，這樣的幽靈不會典當了傳統文化原型。

　　去除殖民之後那以神話、夢境、祭儀或圖騰方式呈現的原型，較不易產生質變，也較不會呈現斷裂不連續的孤立符號，不斷飄盪遊牧之後，在眾人的遊戲規則中逃脫，不會為了殖民利益互換價值。此法也較易呈現不同面貌出現了不連續的連續性，如此原住民的幽靈也可以按其存有方式安在。

　　誠如賴世雄談到：「面對當今受壓迫他者的鬼魂全面地控訴各種霸權壓迫的現象時，思考如何積極回應甚至召喚鬼魂的趨勢，不僅是強調此種亡魂溝通的政治欲望，更是一種倫理企圖，以揭露與質疑已被生存者遺忘或視為理所當然的不義現象。但是，回應此種政治幽靈必須面對一種棘手困境：沒

---

[30]　賴俊雄，《回應他者──列維那斯再探》（臺北：書林出版社，2014年），頁369。

有一個政治決斷的正義，不與其他正義可能之間產生斷裂，也沒有任何具體法律的實踐可以跨越此形而上的斷裂，這個解構的斷裂空白區域存在於政策制定與執行的當下，正如同我們面對生命中任何重大及兩難的決定時，必然陷入一種焦慮的昏眩甚至瘋狂的狀態──一種理智突然斷裂而產生空白的憂鬱與焦慮。」[31]

二、回應召喚、安穩回家

　　家是承載自我存有的地基，離身的靈體是否仍在飄盪當中仍能回應我之所以為我的存在呢？不羞於說明自己的存在呢？

　　人棲居於世，如何以存有者之所以為存有者的本體，同一性差異地呈現存在的可能性，我如何在旅居方式當中尋求一個所在呢？這是一個永恆回歸的問題。

　　永恆回歸乃是意欲回到起源起始的家，這家的感覺，如同列維那斯所言是在陌異世界當中顯現本體同一性，但又是威脅著它自己，家是我在的地方，「我與世界之間真實且原始的關係讓我明顯地以本體同一者呈現，這卻是一種旅人寄居於世界的關係。此自我用旅居的方式對抗世界他者，藉由身在異地卻能自我自在地在此處生存的方式辨識出自己的所在。寓所（dwelling）在世間覓得了一個處所與家。寓所是自我維繫自己存有的模式。然而，它不像那著名的銜尾蛇，藉著咬住自己的尾巴而確定自己的存在。寓所反而像是一個軀體處在陌生世間，威脅它自己，卻也保存它自己。家不是個容器，而是承載著自我存有的地基，一個我在的地方」。[32]

　　面對回家，一種永恆回歸的神靈召喚。原住民如何回應形上而神靈體的召喚呢？或者按李亦園說法來看，如何回應祖靈的召喚呢？以母語溝通，紮根於後代，並且建立文化的認同，如此我想能夠回應召喚，能回應就能夠安穩回家。

　　以母語閱讀並說出，與祖靈或神靈溝通，回應神靈體泛在大地之中，在

---

[31]　賴俊雄，《回應他者──列維那斯再探》（臺北：書林出版社，2014年），頁368。

[32]　Emmanuel Levinas, Totality and Infinity.Trans. Alphonso Ligis.Pittsburgh: Duquesne UP. 1969, p.37.

大自然空間中召喚著原住民的子孫們。回應這樣的召喚本身，代表回家的可能性，人的靈體在死後飄盪，希望原住民能以自我自在地在此處生存方式，讓自己過了彩虹橋，仍能夠面見這些賜予生命的神靈體。

或者我們面對不確定世代，但莫忘根源性的追尋。世界不斷變化著，面對層出不窮各種事件，讓一切變化發生，但確保以幽靈法方式面對，也就是說在生活世界裡，霸權與壓抑是存在於每一個可能性，那每一次來臨的幽靈纏繞都代表單一事件的發生，當我們在質詢不公義事件，並且評斷時，它代表身為原住民之責任，回應祖靈或者神靈界召喚，它是不斷發生，也是未完成的。誠如賴世雄詮釋說到：「若無主體霸權與壓抑，則不會有幽靈的出現與纏繞，也將沒有救世主的來臨。因為幽靈永遠與現在脫離連接，所以幽靈的時間邏輯永遠是開放的，是非連續的，是非線性的，也是尚未完成的。因為尚未完成，所以救世主幽靈來臨不斷被期待。每一次來臨的幽靈纏繞都代表單一事件的發生，並且每一次事件發生即是其本身的首次及末次。對當代各種政治幽靈現象的再思，隱含著德希達對於未來的詮釋。它不僅是針對過去不正義事件的質詢與評斷，同時也意謂尚未來臨的責任繼承。」[33]

總結

筆者希望能夠建構母語原住民神話兒童繪本圖庫，藉此讓原住民文化由小紮根，進行兒童啟蒙教育來建構文化認同，是最具有啟發性，尤其是以母語來進行召喚及建構原住民的神話的文化記憶交流與溝通，如此，也就是本文挪用「幽靈法」來進行原住民母語神話的閱讀策略主旨。

這篇以泰雅族的狩獵神話內容談起，筆者批判了非母語建構神話的謬誤，也批判淺層文化詮釋問題，更進一步去深談所謂「幽靈法」應用在原住民的母語神話閱讀策略該如何？幽靈閱讀方式鎖定在母語及原住民神話繪本的深讀，如此可以避免一些文化祭慶活動中，只淪為資本主義盛行的炒作商業消費，「幽靈法」本義就是避免霸權，這霸權可以說是文化霸權之下處理

---

[33] 賴俊雄，《回應他者——列維那斯再探》（臺北：書林出版社，2014年），頁398。

原住民文化，去除霸權意謂著將底層聲音挖掘，去除殖民的霸權，去除商業消費帝國的炒作。

　　因此「幽靈法」策略就是建構以母語為主的原住民神話，尤其是在兒童啟蒙時代的繪本為主。換言之，本文〈**幽靈法展現在原住民母語神話閱讀策略——以泰雅族狩獵神話為例**〉，「幽靈法」以虔敬態度使用自己母語建立與泰雅祖靈溝通管道，召喚著在泰雅狩獵神話當中潛藏的文化意識，如此才能「幽靈的顯現」，不再被宰制，不再被過度消費，使每個原住民都能溯源，回到自己的神話根源，回到自己的家園，去除殖民化的神話解讀，有助於原住民對自身文化認同加深加廣，如此才能真正使原住民自身自尊回覆，才能真正使原住民的文化復甦，如此有助於復返正義。

參考書目

Emmanuel Levinas, *Totality and Infinity*.Trans. Alphonso Ligis.Pittsburgh: Duquesne UP. 1969.

Jacques Derrida. *Writing and Difference*. Trans. Alan Bass. Chicago: Chicago UP,1978.

賴俊雄，《回應他者——列維那斯再探》，臺北：書林出版社，2014年。

德希達（Jacques Derrida）著，張正平譯在《他者的單語主義——起源的異肢》，臺北：桂冠，
　　2000年。

布興・大立，《泰雅爾族的信仰與文化——神學的觀點》，臺北：國家展望文教基金會，2007年。

李亦園、徐人生、宋龍生、吳燕合編：《南澳的泰雅人》，臺北：中研院民族研究所，1963年。

楊凱麟，〈德勒茲哲學中的思想與特異性〉，載於《國立政治大學哲學學報》2014年第31期。

黑代巴彥，《泰雅人的生活形態探源：一個泰雅人的現身說法》，新竹：新竹縣文化局，2002年。

藍姆路・卡造，《吉拉米代部落獵人的身體經驗與地方知識》（*The Hunter's Bolily Experience and
　　Local Knowledge in Cilamitay Tribe*，花蓮：東華大學原住民民族學院，2013年。

余錦虎著（布農語），中文譯者歐陽玉，《神話・祭儀・布農族》，臺中：晨星出版社，2002年。

黃美英，《臺灣文化斷層》，臺北：稻香出版社，1990年。

胡台麗，〈從田野到舞臺〉，收入行政院文化建設委員會編：《原住民文化會議論文集》，臺北：
　　行政院文化建設委員會，1994年。

吳仲徹等，《原住民身分認同與神學》，花蓮：玉山神學院，2012年。

謝世忠（1987），〈認同的污名：臺灣原住民的族群變遷〉，臺北：《自立晚報》。

王嵩山（2001），《臺灣原住民社會與文化概論》，臺北：聯經出版社。

李亦園（1998），《宗教與神話》，臺北：立緒出版社。

恩斯特・卡西爾（1992），《神話思維》，北京，中國社會科學出版社（《符號形式的哲學・第二
　　卷・神話思維》，初版於1925年）。

伊利亞德（M. Eliade）著，楊素娥譯，《聖與俗——宗教的本質》，苗栗：冠桂出版社，2000年。

後續未完⋯⋯

「在我身上，這悲鬱難以清楚地歸類、命名。」

——簡媜

　　這本書出版是《斯卡羅》播出後，簡媜在談到「這些激烈的械鬥記憶隨著骨血遺傳給下一代，導致我們分類的能力比融合好太多，而融合的過程，難免帶有血腥味，以致融而不合，但墾拓者是務實的，不合也不分，即使分也不裂，裂而不斷，斷而絲連。人與人之間，因族群或意識形態相異而站在對面，在某些時刻與事件嚴重地對峙著，卻也不得不承，血緣、姻緣與社緣交錯牽絆，站在對面的那人，在下一個時刻與事件又與我們同一陣線。」[1]

　　我們不能執著於巴別塔的思考方式，我們必須逃離幻象的危害而游離於無何有之鄉，任何語言不允許主體性的佔有，任何事件的詮釋脈絡也不允許單一視角。當宣稱一個面向真理，那真理本身便消失無形。

　　在這本書中，我們舉了灣生及慰安婦事件，由事件的解構，我們揭開了歷史與記憶的差異，而瞭解面對創傷及重新療癒的重要性。歷史提供給我們一個座架（Ge-stell），我們受到座架的擺置及逼索，在其中設定的或正形成中的架構，卻可能遮蔽了主體存有的整體狀態，整本書其實希望由認同症候，並找到裂縫的縫補點，進行再詮釋的工作，以便我們由歷史的遮蔽中解放出來。

　　事實上，對立產生不和諧，而造成暴力相向，是我們所不樂見，為了消弭暴力的可能性，我提出了主體幻象的危害以及越界正義的看法，人們喜歡去進行單一分類，而忽略了差異性，簡單身分歸類往往是迫害及扼殺的前奏，我們是誰，誰又是我們的組成，人的發明或者主體性的發明，讓我們越

---

[1]　簡媜著，〈臺灣骨血裡的浪漫與悲鬱——觀斯卡羅有感〉，出於曹瑞原著《斯卡羅》，臺北：印刻，2021出版，頁46。

發看不清自己，虛構的主體被打破之餘，人又在廢墟中找了那些座架，這裡有無遮蔽呢？

看到陳耀昌所著〈由《傀儡花》到《斯卡羅》：小說化歷史與戲劇化小說的成功結合經驗〉談到：「臺灣是一個不斷移民的社會，經過百年幾次大規模移民與族群通婚，現在臺灣島上的民眾，特別是年輕一輩，幾乎都有南島語族的血緣，也有來自世界各地的血緣，並具漢字文化的薰陶，而認同於自由、民主、法治的共同社會價值。臺灣的族群多元，過去曾有族群衝突，現在則是創新重生，雖然還有一些歷史恩怨，仍在尋求完美解決，這就是轉型正義。」[2]

單一主體建構，易產生其它主體被貶抑，在當代強調走向他人的關懷，彷彿會因為這些過於對母土及神聖的朝聖現象，易使仇恨異族及外國人的情緒高漲。於是乎，我們設法污名化非我族群的他人及他方，將這些分歧者趕出疆界之外，而讓自己設法圈住所謂「局內人」的思維，這是典型的「義以為質」，而讓自己陷入所非美即醜的二元對立，於是對人的體恤便消失。依此，或許我們原本沒有敵人，是我們製造最強的敵人，讓敵人在我們極端排斥之下，讓他長成我們所討厭及排斥的人。這就是沙特所講，反猶太者製造了猶太人。

幻覺建構了現實，使我們以為所做的事合情合理合法，並依此詮釋，我們希望找到救贖之道，希望由夢中喚醒世界，讓自己永遠在探索路途中，不斷復返、不斷越界狀態，設法在過程中，讓自己游離在邊界之上，跨越主體的越界狀態，使主客體消失，將建構出新的共解共生的臺灣主體性，這就是福爾摩沙的臺灣新生命的可能性，而真正轉型正義即在其中，如陳耀昌著〈由《傀儡花》到《斯卡羅》：小說化歷史與戲劇化小說的成功結合經驗〉寫到：「這樣的『臺灣多樣文化，多樣族群，和解共生的觀念』，也可以說是最近幾年臺灣人逐步建立起來的新共識。……在不久的未來，更將是一個『創新重生』的臺灣……『福爾摩沙臺灣的重生』」[3]

[2]　陳耀昌著，〈由《傀儡花》到《斯卡羅》：小說化歷史與戲劇化小說的成功結合經驗〉，出於曹瑞原著《斯卡羅》，臺北：印刻，2021出版，頁28。

[3]　陳耀昌著，〈由《傀儡花》到《斯卡羅》：小說化歷史與戲劇化小說的成功結合經驗〉，出於曹

　　重生代表著新的生命希望，它是活力充沛，猶如柏格森所言「生命衝力」，在主體化的過程，這力量的所由根源以及各力量交織而成的自我生命本身，當中在許多的皺摺，這是存在的構成方式，它是如何激發，如何在巴洛克的皺摺中，在迷宮的皺摺中，讓力量與力量之間拉扯成一顆樹該有的樣貌呢？唯有思，思想正在思想著，才能化內在辯證的城堡，成為化外思維的可能性，由域內到域外，游離於其中，或許失去了子宮溫暖，但藉由不斷回憶，賤斥於母體，才能真正切斷臍帶，使新生命誕生。

瑞原著《斯卡羅》，臺北：印刻，2021出版，頁27。

哲學宗教類　PC0844　Viewpoint43

再思臺灣主體性：
穿越身分幻影與越界正義可能性

作　　者 / 聶雅婷
責任編輯 / 陳彥儒
圖文排版 / 蔡忠翰
封面設計 / 劉肇昇

發 行 人 / 宋政坤
法律顧問 / 毛國樑　律師
出版發行 / 秀威資訊科技股份有限公司
　　　　　114台北市內湖區瑞光路76巷65號1樓
　　　　　電話：+886-2-2796-3638　傳真：+886-2-2796-1377
　　　　　http://www.showwe.com.tw
劃撥帳號 / 19563868　戶名：秀威資訊科技股份有限公司
　　　　　讀者服務信箱：service@showwe.com.tw
展售門市 / 國家書店（松江門市）
　　　　　104台北市中山區松江路209號1樓
　　　　　電話：+886-2-2518-0207　傳真：+886-2-2518-0778
網路訂購 / 秀威網路書店：https://store.showwe.tw
　　　　　國家網路書店：https://www.govbooks.com.tw

2022年3月　BOD一版
定價：300元
版權所有　翻印必究
本書如有缺頁、破損或裝訂錯誤，請寄回更換

讀者回函卡

國家圖書館出版品預行編目

再思臺灣主體性：穿越身分幻影與越界正義可能性/
聶雅婷著. -- 一版. -- 臺北市：秀威資訊科技股份
有限公司, 2022.03
　　面； 　公分. -- (哲學宗教類 ; PC0844)
(Viewpoint ; 43)
　BOD版
　ISBN 978-626-7088-01-2(平裝)

　1.哲學人類學 2.文化人類學

101.639　　　　　　　　　　　　　　　110019318